KB184268

돈의
시그널

세계 0.01%만 아는
부와 성공의 비밀

남현우 지음

시그널

THE SIGNAL OF MONEY

이너북
INNERBOOK

프롤로그

수능 5등급 문제아에서 3억 원 버는 대표가 되다

- 1년 만에 1인 사업가로 연 매출 2억 원 달성
- 종이책 베스트셀러 작가
- 와디즈 펀딩률 1,297% 달성
- 크몽 최상위 2%Prime 전문가
- 전자책 3권 출간 후 매출 1억 원 달성
- 20대 사업체 3개 성공, 성공률 100% 기록
- 28세 서울에 아파트 매입
- 전前 언론사 대표

"대표님, 도대체 어떻게 하신 거예요?"

제 경력을 본 사람들이 저에게 가장 많이 묻는 말입니다. 사업 비결을 선뜻 공개하는 게 쉽지 않아서 답은 하지 않은 채 미루기만 했습니다. 제가 성공한 방법을 알려준다고 해서 다른 사람이 쉽게 성공할 수 있을 거로 생각하지 않았어요. 또한, 제가 누군가에게 알려준 방법이 결과가 좋지 않을 때의 상황도 감당해야 했기에 성공 비결을 비밀로 했죠.

그러던 어느 날, 친한 지인 한 명이 크게 사기를 당했어요. 제게 컨설팅을 요청했던 분인데 부담스럽다는 이유로 거절했었죠. 지인이 다른 컨설팅을 받는다고 2,000만 원을 결제했는데 막상 배워보니 다단계 회사였습니다. 상품 판매만 강요받다가 컨설팅을 그만둔 후 직장으로 다시 돌아갔어요. 그는 다른 일을 계속할 힘을 잃었죠.

고통스러워하는 그를 보며 죄책감을 느꼈고, 고민 끝에 저만의 노하우를 사람들에게 공개하기로 했습니다. 단순히 지식만 전달하는 게 아니라 제가 성공한 시스템을 전수하는 방식으로 진행했어요. 손흥민 선수가 알려주는 슈팅 영상만 보고 축구를 잘할 수 없는 것처럼 사업도 지식으로만 배워서는 성공할 수 없다고 판단했죠. 사업 시스템을 그대로 알려주자 다른 일반인도 저와 같은 결과를 얻기 시작했어요. 컨설팅 신청은 매달 감당하기 어려울 정도로 많았고, 믿고 컨설팅 신청해 준 분들을 위해 최선을 다했죠. 의사, 변호사, 교수, 직장인, 주부… 정말 많은 사람을 도왔습니다. 1년이 지나자 성공한 사람들이 등장하기 시작했어요. 하반신 마비의 한 여성 고객은 월 매출 1,400만 원을 달성했습니다.

월 매출 3,000만 원을 달성한 수강생도 탄생했습니다. 컨설팅을 할수록 의문이 생겼어요. 의사나 변호사처럼 사회적으로 똑똑하다고 평가받는 사람들이 컨설팅에 성공하는 확률은 낮았죠. 상식적으로는 지능이 높은 사람이 더 쉽고, 빠르게 성공해야 했는데 그렇지 않았어요. 오히려 평균적인 성공률보다 낮았습니다. 이와 달리 농사를 짓는 60대 남성분이나 평범한 주부, 중소기업에 다니는 직장인이 더 많은 성공률을 보였어요. 궁금한 마음에 평범하지만, 성공한 사람들을 대상으로 인터뷰를 진행했어요. 대화를 해보니 그들이 가진 공통점이 하나 있었습니다. 바로 '지식 확장력'이 뛰어난 사람들이었죠.

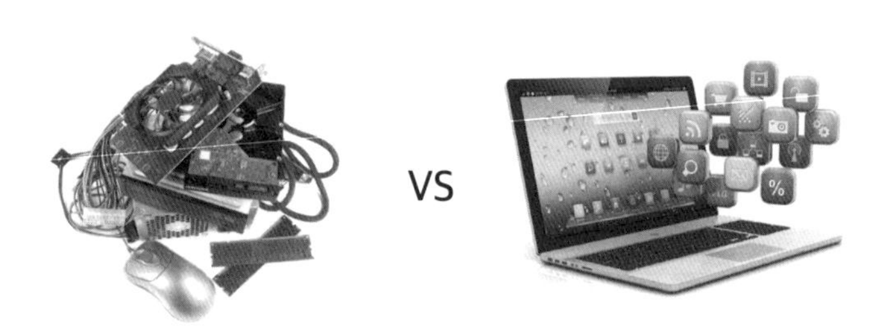

하드웨어: 컴퓨터의 물리적 부품을 말함 소프트웨어: 컴퓨터 시스템을 효율적으로 운영하기 위해 개발된 프로그램의 총칭

지식 확장력은 컴퓨터로 비유하면 하드웨어에 가까워요. 하드웨어는 램, 메모리카드처럼 컴퓨터에서 우리가 눈으로 확인할 수 있는 장치를 의미합니다. 소프트웨어는 컴퓨터 안에 설치된 프로그램을 의미하죠. 하드웨어가 부족한 컴퓨터에는 아무리 좋은 품

질을 지닌 프로그램을 설치해도 실행할 수 없어요. 10억 원 가치가 있는 고사양 게임을 저사양 컴퓨터에 설치하면 실행할 수 없다는 사실을 생각해 보면 이해하기 쉬울 거예요.

즉, 하드웨어가 뒷받침되지 않으면 아무리 좋은 프로그램을 보유하고 있다고 해도 실행할 수 없습니다. 사람도 마찬가지입니다. 사람의 하드웨어가 부족하면 아무리 좋은 지식(소프트웨어)을 얻어도 현실에 적용할 수 없어요. 그래서 수많은 사람이 양질의 정보를 쉽게 얻지만, 인생은 변화하지 않는 거죠.

컴퓨터의 성능을 평가하는 항목이 존재하는 것처럼 사람에게 하드웨어 능력은 지식 확장력이 결정합니다. 위에서 말한 일반인 중에서 성공한 사람들은 모두 지식 확장력이 뛰어났어요. 이 사실을 깨닫고, 지식 확장력을 높일 수 있는 활동을 새로운 수강생에게 적용해 봤죠. 결과는 놀라웠습니다. 현재 상태와 상관없이 지식 확장력이 높아진 사람은 좋은 성과를 만들어 냈어요. 가장 최근에는 60대 남성이 전자책을 출간해 하루 만에 40권을 팔기도 했어요. 이제 왜 당신이 지식보다 지식 확장력에 주목해야 하는지 이해할 거예요. 지식 확장력을 키우려면 '끌어당김'과 '신학', '양자역학', '명상' 이 네 가지 분야를 모두 이해하고 있어야 해요.

너무 어려울 거 같다고요? 걱정 안 하셔도 됩니다. 이 네 가지 영역을 심도 있게 이해하는 것보다 각 영역의 핵심만 알고 있으면 돼요. 당신이 방에 불을 켜려면 간단히 스위치만 누르면 되는 것처럼 네 가지 영역에도 작동 스위치가 있어요. 그 부분만 알면 당신도 성공한 사람처럼 지식 확장력을 빠르게 키울 수 있어요. 마치 근육을 키우는 일과 같죠. 고등학생도 배우고 성공한 사례가 있을 정도로 쉬우니까 제가 이 책에서 알려드릴 내용을 이해하고, 실행에 옮기면 됩니다.

방법은 누구나 할 수 있을 정도로 쉬우니까 겁먹지 말고, 삶에서 실천해 보세요. 책상에서 지식만 익힌다고 해서 성공할 순 없어요. 지식 수준에 따라 사업 성공이 결정된다면 교수나 의사가 모두 사업가로 성공해 있어야 할 거예요. 책에 나온 지식을 실행에 옮기다 보면 어느 순간 내가 원하는 위치에 도달해 있을 겁니다. 경제적 자유는 보상이고요. 지식 확장력만 키워 두면 생각보다 쉽게 부자가 될 수 있습니다. 그 시작을 제가 돕겠습니다. 새로운 출발점 앞에 선 당신을 진심으로 축복하고 응원합니다.

THE SIGNAL OF MONEY

차례

2부

돈의 시그널, 부자가 되는 과학적인 원리

2장. 모두가 속고 있다. 끌어당김 법칙의 숨겨진 비밀

3장. 내면에 숨겨진 신을 찾아 성공하기

4장. 나는 양자역학을 알고 사업 성공률 100%를 달성했다

5장. 연 매출 10억 원 사업가도 배우러 온 'IBF Meditation'

3부

최상위 0.01%만 알고 있는 엄청난 능력

6장. 지식 확장력, 더 큰 부자가 되고 싶다면 당장 키워야 할 것

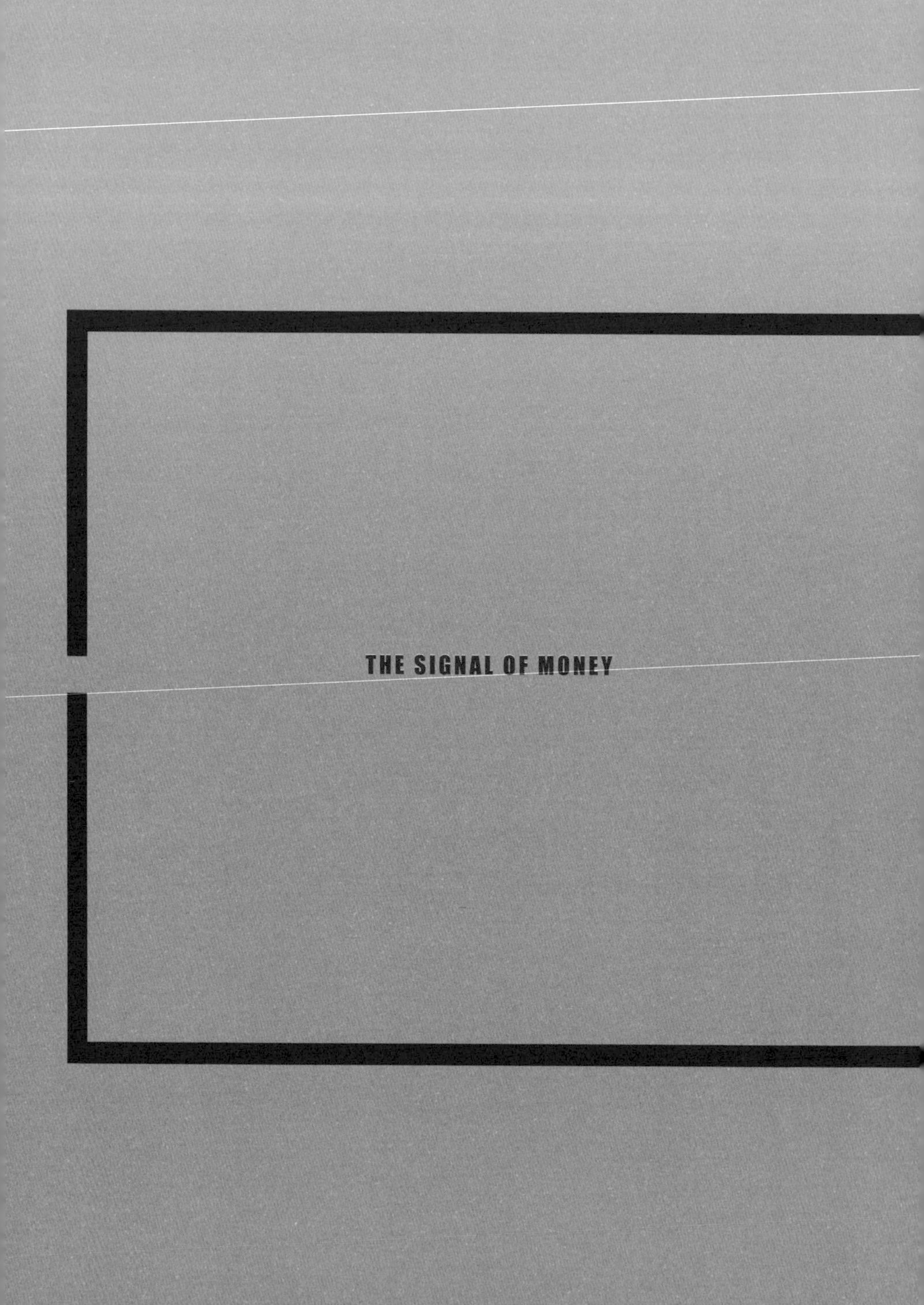

THE SIGNAL OF MONEY

1부

당신은 부자로 성공할 권리가 있다! 그런데 왜 당신은 부자가 되지 못했을까?

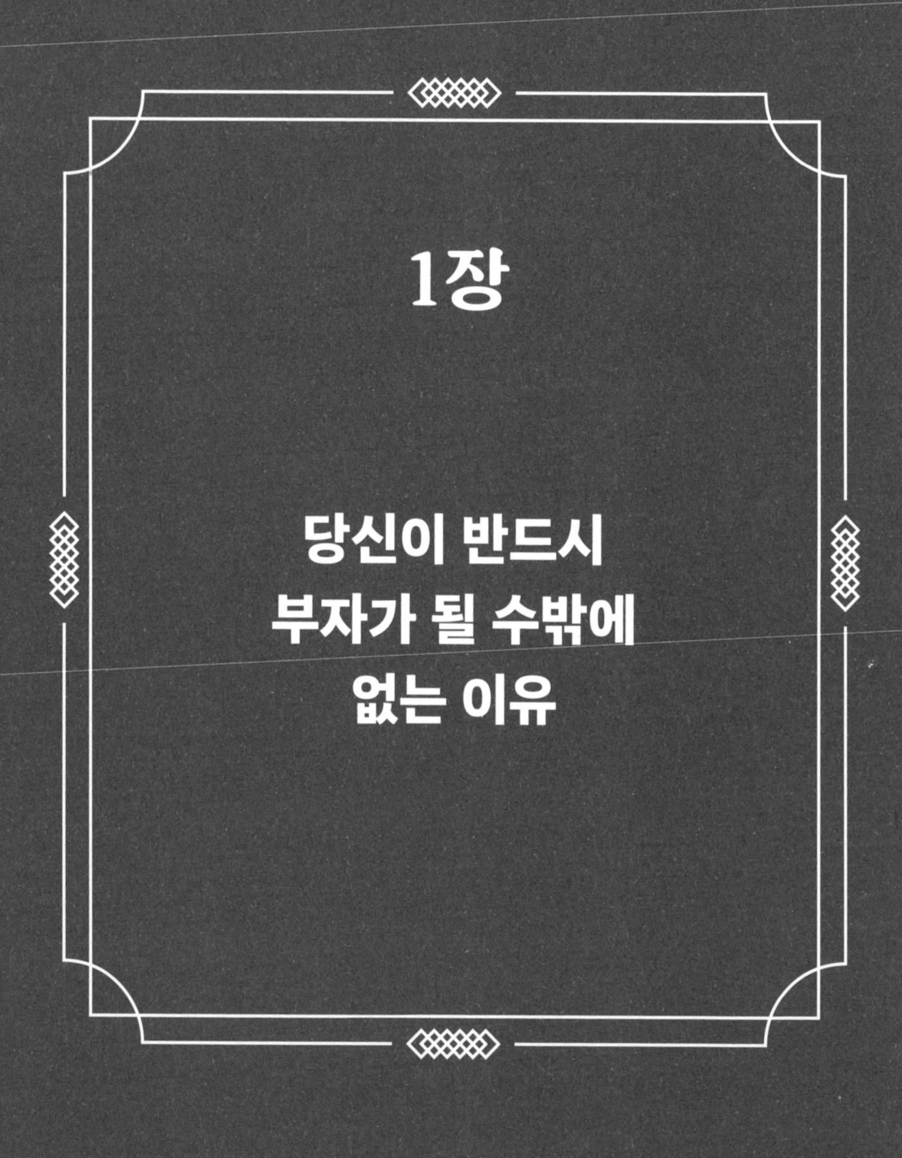

1장

당신이 반드시 부자가 될 수밖에 없는 이유

이 책을 선택한 당신은 100% 성공한다

혹시 《빅터 프랭클의 죽음의 수용소에서》라는 책을 읽어봤나요? 이 책은 빅터 플랭클이 나치 수용소에서 겪은 일을 적은 책입니다. 프랭클은 수용소에서 얼마나 많은 사람이 희망을 잃고, 빠르게 죽는지 생생하게 그려냅니다. 절망이 인간 생존 가능성에 큰 영향을 끼친다는 사실을 알 수 있죠. 책 내용 중에 가장 기억에 남는 이야기가 있습니다. 한 수감자가 있었는데 크리스마스가 되기 전에 자신이 풀려날 거라는 굳건한 믿음을 가졌죠. 하지만 크리스마스가 지나도 석방되지 못했죠. 심각한 절망에 빠졌고, 건강이 급격히 악화됐습니다. 결국, 그는 사망했습니다.

이와 달리 희망을 유지한 사람은 끝까지 생존했어요. 프랭클도 같은 상황에 있었지만, 수용소에서 나가 강의하고, 책을 집필하는 모습을 상상했습니다. 덕분에 끝까지 살아남을 수 있었죠. 자기가 원하는 모습을 상상한 게 생존 비결이라고 직접 말하기도 했죠. 이 사례에서 확인할 수 있는 것처럼 희망과 믿음이 결과에 큰 영향을 미칩니다. 단순히 육체적으로 강한 사람이 생존한 게 아니라 희망이 있는 사람이 살아남았다는 사실에 주목해야 해요. 자신을 믿지 못하는 사람은 절대 성공할 수 없습니다. 이건 현대인에게도 적용됩니다. 한 연구University of Scranton에 따르면 새해 결심을 세운 사람 중 80%가 한 달 안에 포기합니다. 약 92%는 결심한 목표를 끝까지 달성하지 못하며, 단 8%만이 목표를 달성합니다. 모두 자기가 원하는 결과를 얻을 수 있을 거라는 믿음이 부족해서 생긴 일입니다.

왜 스스로 목표를 세웠는데, 이루지 못할 거라고 생각할까요? 능력이 부족하다고 생각하기 때문일 거예요. 월 1,000만 원을 버는 사업가로 성장하겠다는 목표를 정했다고 해도 스스로가 그럴 수 있는 역량이 부족하다고 생각하니까 도전을 포기하는 겁니다. 계속 노력했을 때 목표를 성취할 수 있다는 확신이 있다면 중간에 그만두지 않겠죠. 스스로에 대한 믿음이 부족해서 발생한 문제입니다. 속으로는 '특별한 능력을 지닌 사람만 부자가 될 수 있어'와 같은 생각을 하며 자기 위로를 하겠죠. 자기 신뢰도를 높여야 성공할 수 있는 이유가 여기에 있습니다.

자기 신뢰도를 높이려면 참된 자아에 대한 깨달음이 있어야 해요. 한번 이 질문에 답해보세요. '당신은 누구인가요?' 그럼 30대 직장인, 어떤 아이의 엄마와 같이 답했을 거예요. 근데 이게 진짜 내가 아니라는 사실을 알아야 합니다. 변화하는 건 본질이 아닙니다. 이해하기 쉽게 예시로 설명할게요. 저는 배우 중에 강동원을 좋아합니다. 특유의 분위기가 멋있어서 그가 나온 영화는 모두 봤죠. 최근에는 〈전란〉이라는 영화에서 천영이 역할로 나왔습니다. 〈군도〉, 〈전우치〉, 〈검은 사제들〉에서도 여러 캐릭터를 소화해 냈죠. 여기서 천영이는 강동원이 연기한 캐릭터지 본질이 아닙니다. 다른 영화에서 연기한 캐릭터 모두 진짜 강동원이 아니죠. 본질은 배우 강동원입니다. 어떤 역할을 해도 결국 강동원이라는 사람은 바뀌지 않아요.

다시 처음 했던 질문으로 돌아가 볼게요. 30대 직장인이나 40대 사업가와 같이 답했다면 이건 상태를 말한 것과 같아요. 즉, 배우가 연기한 캐릭터가 본질이라고 답변한 거죠. 강동원에게 '당신은 누구입니까'라고 물었는데 '나는 천영입니다.'라고 답한 것과 같습니다. 학창 시절과 30대인 지금을 비교하면 모습이나 상황은 달라졌어도 내 안에 영혼은 바뀌지 않았습니다. 그래서 현재 50대인 분들이 마음은 20대인데 벌써 나이를 먹었다고 말하기도 하죠. 이 사실에 주목해야 해요. 바뀌지 않는 건 내 영혼이며, 이게 본질입니다. 당신이 지금 브랜드 아파트에 살던 빌라에 살던 그 안에 있는 영혼은 달라지지 않아요. 죽으면 남는 건 영혼뿐입니다. 근데 사람들은 가지고 갈 수 없는 육체(외모)나 돈에 집착합니다. 그게 불행의 시작점이죠.

당신이 차를 샀다고 가정해 볼게요. 신형 BMW를 구매했어요. 근데 구매 당일에 사고가 나서 흠이 심하게 났습니다. 그럼 당신은 큰 고통을 느낄 거예요. 근데 이 차가 다른 사람의 차라고 생각해 볼게요. 이 상황에서는 사고가 나도 크게 신경 쓰지 않을 겁니다. 내 소유가 아니라는 걸 알기 때문이죠. 이 관점에서 생각해 보면 지금 나라고 믿는 이 육체는 렌터카와 같습니다. 일정 시간 동안 빌려 쓰는 거죠. 시간이 지나면 모두 반납해야 합니다. 신체, 돈, 심지어 가족까지 말이죠.

하지만 수많은 사람이 조금이라도 좋은 차를 타려고 노력합니다. 작은 상처라도 날까 두려워하면서 말이죠. 이 차가 내 차가 아닌데도 마치 내 차라고 착각하는 순간 모든 고통이 시작됩니다.

어떤 종류의 차를 타던 결국 중요한 건 그 안에 타고 있는 '나'입니다. 차 종류가 중요했다면 부자들은 무조건 행복해야 하고, 가난한 사람은 불행해야 하는데 현실은 그렇지 않죠. 돈은 많지만 불행한 사람이 많습니다. 근데 아무것도 가진 게 없어도 행복하게 살아가는 사람도 있죠. 목적지까지 도달할 수만 있다면 어떤 차를 타고 가는지는 크게 중요하지 않아요. 물론, 좋은 차를 타면 더 편하게 갈 순 있겠죠. 하지만 차에 타고 있는 사람이 불행하고, 차종에만 집착한다면 아무리 좋은 차를 운전해도 행복하지 않을 거예요.

이 운전석에 타고 있는 나라는 영혼이 얼마나 큰 힘을 가졌는지를 깨닫는다면 내가 원하는 방식대로 삶을 빠르게 바꿀 수 있어요. 렌터카는 한번 빌리면 계속 같은 차를 타야 하지만, 인생은 원하면 어떤 순간에서라도 바꿀 수 있습니다. 자살 시도까지 했던 제가 지금은 억대 수익을 내는 사업가로 변신한 것처럼요. 운전자가 진짜 나고, 차는 그냥 시간이 지나면 사라지는 껍데기라는 사실을 아는 게 잠재력을 개방하는 첫 번째 단계였습니다. 다음 장에서는 내면에 잠재된 힘이 어디서 온 건지 원리와 왜 그 힘으로 인생을 바꿀 수 있는지 알려줄게요. 이것만 알아도 삶이 크게 바뀌기 시작할 겁니다.

마법사 이론:
지방대 학생이 3달 만에
경제적 자유를 얻은 비결

지방대생이었던 제가 사업하는 모습을 본 친구들은 하나같이 말합니다. “무슨 마법 같은 힘을 썼기에 이렇게 사람이 달라졌어?” 수업 시간에 밖으로 나가 PC방을 다니고, 맨날 술만 마시는 모습만 봤기에 친구들이 그런 반응을 보일 수밖에 없었죠. 다른 사람이 봤을 때 저는 마법사처럼 보였을 겁니다. 이런 변화가 가능했던 건 제 안에 숨겨진 힘이 있다는 사실을 발견한 덕분이었습니다. 지금부터 작은 우주가 당신 안에 있고, 신과 같은 힘을 당신도 사용할 수 있는 이유를 이야기할게요.

당신이 호수에 가서 컵에 물을 담는 장면을 상상해 보세요. 컵 안에 담긴 물은 호수에서 분리됐다고 해도 호수의 물과 같은 성질을 지니고 있습니다. 맛도 똑같고, 성질도 완전히 같습니다. 컵에 담긴 물이 호수와 다르지 않다는 거죠. 부피에 차이는 있어도 물이 가진 본질은 동일하다는 사실을 기억해야 합니다. 사람도 마찬가지입니다. 당신이 컵에 담긴 물이라고 하면 호수는 어떤 걸까요? 바로 우주입니다. 우주를 이루는 모든 물질은 별에서 나왔습니다. 그 별에서 만들어진 조각들이 공기, 물, 몸을 이루고 있습니다. 우주와 인간이 동일한 재료로 만들어져 있죠. 우리는 우주의 축소판입니다.

그러면 여기서 이런 의문이 생길 겁니다. "컵에 담긴 물과 호수가 만들어 내는 힘이 다른 것처럼 인간이 지닌 힘도 작진 않을까?" 네 맞습니다. 호수가 가진 물과 작은 컵에 담긴 물이 지닌 에너지는 비교도 하기 어려울 정도로 차이가 큽니다. 하지만 컵 속에 담긴 물 안에는 놀라운 힘이 숨겨져 있습니다. 컵 속 물을 끓이는 상황을 가정해 볼게요. 이때 물의 온도가 섭씨 100도에 도달하면 기체로 변합니다. 액체에서 기체로 변할 때 엄청난 에너지를 만들어 냅니다. 물이 증기로 변할 때 물은 훨씬 더 큰 공간을 차지하려고 합니다. 1리터 물이 증기로 변하면 부피가 1,600배로 늘어나죠. 이렇게 팽창하려는 힘이 압력을 만들어 냅니다. 물이 증기로 변하면서 생기는 압력은 한 잔 정도 양이더라도 거대한 기계를 움직입니다.

이 사례에서 확인할 수 있는 것처럼 에너지가 크기로만 결정되진 않습니다. 작은 컵 속 물도 사용 방법에 따라 거대한 기대를 움직일 수 있죠. 작은 물 한 잔이 세상을 움직이는 원동력이 되는 겁니다. 인간도 마찬가지입니다. 인간은 우주에 비하면 작고, 보유하고 있는 에너지 총량도 미미합니다. 그럼에도 보유한 에너지를 활용하는 방법에 따라 엄청난 힘을 만들어 낼 수 있습니다. 물 한 잔이 기차를 움직이게 만드는 것처럼 말이죠. 이런 마법과 같은 힘을 쓸 수 있는 방법은 크게 두 가지입니다.

첫 번째는 '집중'입니다. 학창 시절에 햇빛을 돋보기로 모아 종이를 태워본 경험이 있을 거예요. 태양은 하루에 엄청난 에너지를 방출하는 데 흩어져 있으면 큰 힘을 발휘하지 못합니다. 이와 달리 돋보기로 에너지를 한 점으로 모으면 종이를 태울 정도의 위력이 크죠. 당신 몸 안에 있는 에너지도 평상시에는 퍼져 있는 상태입니다. 이 에너지를 모을 줄 알아야 삶을 변화시킬 수 있습니다. 이 에너지를 모으는 방법은 다양합니다. 이 방법은 뒤에 좀 더 자세히 설명할 거니까 지금은 에너지를 모으는 게 중요하다는 사실만 이해하면 됩니다.

두 번째는 '연결'입니다. 개인이 지닌 에너지는 작을지 몰라도 이걸 연결하는 순간 폭발적으로 힘이 세집니다. 인터넷이 대표적인 사례죠. 인터넷 덕분에 지식은 폭발적으로 증가했고, 유튜브나 인공지능과 같은 혁신적인 결과물이 나왔습니다. 이 책을 읽고 있는 당신 역시 저와 연결된 상태입니다. 혼자라면 좀 더 어렵게 만들 수 있는 결과를 저와 함께하면서 빠르게 얻을 수 있게 된 거죠. 또한, 제가 만든 단톡방이나 커뮤니티에서는 다양한 사람들이 함께 연결된 상태에서 삶을 긍정적으로 바꾸고 있습니다. 이 사례처럼 좋은 연결을 많이 만들어 낼수록 더 많은 변화를 만들고 있습니다. 좋은 커뮤니티에 속할수록 성공 가능성이 높아지는 만큼 오늘부터라도 적합한 곳에 가입해 보세요.

지금까지 배운 내용을 정리해 보면 우리가 같은 에너지라도 활용 방법만 다르게 하면 더 큰 힘을 발휘할 수 있다는 사실을 알 수 있습니다.

그럼, 이제 물을 담는 컵의 면적을 넓히는 방법을 배울 차례입니다. 당신 안에 내재한 에너지 총량을 늘려서 더 큰 변화를 만들어 내는 겁니다. 놀라운 사실은 컵은 물리적인 제약이 있어서 호수의 물 전체를 담을 수 없지만 우리 내면에 있는 그릇은 무한대로 크기를 키울 수 있다는 점입니다. 이 원리만 알게 된다면 당신도 어렵지 않게 우주에 퍼진 에너지를 내면으로 가져올 수 있을 겁니다.

뇌가 지닌 잠재력을 개방해 삶을 개조하는 법

영혼이 어디서 왔는지 고민해 본 적 있나요? 앞에서 배운 내용을 다시 한 번 복습해 보면 우리 몸은 본질이 아니라고 했습니다. 그 안에 담긴 영혼이 본질이죠. 이 영혼이 어디서 오는지를 알아야 그 힘을 완전히 사용할 수 있습니다. 뇌가 우리 의식과 영혼을 만든다고 믿는 사람도 있지만, 사실은 그렇지 않습니다. 뇌는 정말 대단한 기관입니다. 매일 수백억 개의 신경이 서로 신호를 주고받으며 우리의 손을 움직이게 하고, 배고픔을 느끼게 하고, 친구와 대화할 수 있게 만듭니다. 하지만 뇌는 결국 컴퓨터처럼 정보를 처리하는 역할을 할 뿐이에요. 예를 들어, 컴퓨터는 영화를 틀어줄 수 있습니다. 그러나 컴퓨터는 그 영화가 슬픈지, 재미있는지 느낄 수 없죠. 그건 보는 사람의 몫입니다. 뇌도 비슷해요. 뇌는 정보를 처리할 뿐, 우리가 느끼는 '나'라는 자아와 영혼은 뇌가 만들어 내는 게 아닙니다.

뇌와 영혼이 다르다는 이야기를 뒷받침하는 흥미로운 사례가 있어요. 바로 임사체험Near-Death Experience, NDE입니다. 어떤 사람들은 심장이 멈추고, 뇌가 사실상 꺼진 상태에서도 자기 몸 위에 떠 있는 것 같은 경험을 했다고 말합니다. "내 몸이 수술대에 누워 있는 걸 봤어요. 의사들이 뭐라고 말했는지 들렸어요." 이런 증언은 뇌가 멈췄을 때도 '나'라는 존재는 여전히 살아 있었다는 걸 암시합니다. 또 한 가지 재미있는 사례가 있습니다. 뇌에 심각한 손상을 입은 사람들도 '내가 누구인지'에 대한 감각은 잃지 않는 경우가 많습니다. 기억이 흐릿해지거나 말이 잘 안될 수는 있지만, 그들은 여전히 자신이 '자신'임을 느낍니다. 마치 영혼이 뇌의 상태와는 별개로 존재하는 것처럼요.

뇌가 기계처럼 작동한다면, 인간은 단순히 정교한 로봇과 같아야 할 겁니다. 과학적으로 보면 뇌는 정교한 기계와 같습니다. 그런데 여기서 이상한 점이 하나 있습니다. 로봇도 정교한 프로그램으로 작동합니다. 뇌와 같은 방식으로 데이터를 처리하고, 명령을 수행하고, 오류를 수정하죠. 하지만 로봇은 "내가 존재한다."라는 걸 느끼지 않습니다. 자신을 바라보거나, "나는 누구인가?"를 질문하지 않죠. 인간은 다릅니다. 인간은 스스로를 자각합니다. '나'라는 존재를 확실히 느끼며, 이 자각의 중심에 흔히 '영혼'이라고 부르는 무언가가 있다고 믿습니다.

과학자들은 이 질문 앞에서 멈춰 섭니다. 뇌가 신호와 화학 작용으로 작동하는 건 분명하지만, 이런 기계적 작용만으로 어떻게 우리가 "내가 여기 있다."라는 강렬한 자각을 느끼는지는 설명할 수 없습니다. 뇌는 단순히 데이터를 처리하고 신호를 주고받을 뿐인데, 이 물리적 과정을 통해 어떻게 우리의 영혼이라 부를 수 있는 깊은 내면적 경험이 탄생하는지 모르죠. 로봇에게 아무리 정교한 신호를 주입한다고 해도 로봇이 스스로를 자각하거나 '내가 누구인지'를 고민하지 않는 것처럼, 신경 신호만으로 우리의 영혼을 설명하기에는 한계가 있습니다.

뇌가 영혼을 만든 게 아니라면 영혼은 어디에 있을까요? 과학자들은 영혼이 뇌라는 '컴퓨터'가 연결된 더 큰 네트워크일 수 있다고 말하기도 해요. 컴퓨터는 인터넷에 연결되어야 진짜 힘을 발휘하잖아요? 뇌도 마찬가지로, 우리가 이해하지 못하는 더 큰 우주의 에너지와 연결된 상태일 수 있다는 거예요. 이 부분을 좀 더 이해하기 쉽게 설명해 볼게요. 당신 집에 아마도 전구가 있을 겁니다. 이 전구는 거대한 전력 시스템으로부터 전기 에너지를 받아 빛을 냅니다. 전구가 혼자서 빛을 내지 못한다는 겁니다. 사람도 마찬가지입니다. 우리 개개인이 전구라고 생각한다면 이 전구를 밝게 빛나게 하는 전력 시스템이 있습니다. 이게 바로 '우주 에너지'입니다.

뇌가 영혼을 만드는 게 아니라면 다른 곳에서 온다는 사실을 유추해 볼 수 있습니다. 사람 몸 밖에서 영혼이 온다고 하면 우리 몸과 완전히 같은 물질로 이뤄진 우주에서 왔다는 사실도 이해할 수 있을 겁니다. 우리 몸이 우주의 일부라면 영혼은 영식의 우주에서 왔다는 걸 알 수 있죠. 즉, 전구가 거대한 전력 시스템에서 전기 에너지를 받아 빛나는 것처럼 사람 역시 우주에 있는 에너지를 받습니다. 그게 영혼인 거죠. 전구 크기에 따라 밝기가 다른 것처럼 인간 역시 개인의 내적 성장도에 따라 우주 에너지를 활용할 수 있는 정도가 다릅니다. 명상과 수행을 오래 한 사람은 그만큼 에너지를 담을 수 있는 그릇의 크기가 크기 때문에 더 밝게 빛납니다. 예수, 부처 모두 일반 사람들보다 에너지를 담을 수 있는 그릇이 컸기에 인류에 큰 변화를 불러왔죠.

근데 수많은 사람이 뇌가 능력을 결정한다고 믿습니다. 어떤 일을 하면 재능이 부족해서 못 한다는 말을 자주 하죠. 근데 우리 신체나 뇌가 능력을 결정하는 결정적인 요인이 아니라 에너지를 담을 수 있는 그릇이 성공을 결정합니다. 호수에 있는 물이나 그릇에 담긴 물 모두 성질이 비슷한 것처럼 저나 당신이 지닌 영혼의 본질은 같습니다. 모든 것이 연결돼 있다는 걸 알면 자연스레 자비심이 생기죠. 다른 사람 안에서 나를 발견할 줄 아는 게 중요합니다. 영혼이 우주에서 왔기에 우리가 모두 신의 에너지를 내면에 품고 있는 겁니다. 여기서 말하는 신은 만물을 만든 창조주입니다. 빅뱅에서 모든 게 시작됐는데, 그 빅뱅을 만든 힘이 우리 안에 내재해 있다는 사실만 알아도 큰 변화가 일어나게 됩니다.

아직도 안 믿긴다고요? 그럼, 주변을 살펴보세요. 아파트, 비행기 등 우리 주변에서 볼 수 있는 모든 게 어디서 시작됐는지 생각해 보세요. 대학이나 책에서 배워서 이런 결과물을 만들었다고 생각할 수 있지만 그 시초가 되는 지식은 결국 다른 누군가 상상한 결과물입니다. 수학도 존재하지 않았고, 언어도 없었어요. 무에서 유를 창조해 낸 사람이 있었기에 지금 당신이 보고 있는 결과물이 나타난 겁니다. 아르키메데스가 목욕하던 중 욕조 물이 넘치는 것을 보고 "유레카!"를 외친 사례처럼 새로운 아이디어는 어느 순간 번득 떠오릅니다. 이런 창조하는 힘은 우주가 지니고 있죠. 만물을 만들어 낸 빅뱅만 봐도 알 수 있습니다. 무한한 창조 에너지가 우리 안에 흐르고 있기 때문에 무에서 유를 창조해 낼 수 있는 능력이 인간에게 있는 겁니다.

다시 전구 이야기로 돌아갈게요. 당신의 본질이 영혼인데 그게 몸 밖에 있는 우주로부터 온다는 사실을 이해했을 거예요. 전구 크기에 따라 밝기가 다른 것처럼 사람도 내면의 크기를 얼마나 키우느냐에 따라 더 많은 에너지를 사용할 수 있어요. 이 책은 당신이 지닌 내면의 크기를 확장하는 법을 알려주려고 썼습니다. 누구나 거대한 에너지를 활용할 능력은 지니고 있는데 그 사실을 모르기에 자기 잠재력을 100% 발휘하지 못합니다. 다들 신의 에너지를 몸 안에 품고 있는데 잘못된 믿음으로 인해 불행한 삶을 살고 있는 사람도 많습니다. 제가 알려주는 방법을 하나씩 실천에 옮기다 보면 내적 성장을 빠르게 할 수 있을 겁니다. 그럼 원하는 모든 걸 끌어당길 수 있죠.

당신이 신이라는 사실을 꼭 기억하길 바랍니다.

당신은 왜
항상 우울하고
불안할까?

우울함을 느끼는 가장 큰 이유는 미래를 예측하려고 하기 때문입니다. 인간은 미래를 예측할 수 있다고 믿지만 불가능에 가깝습니다. 경제 및 금융 분야의 전문가들은 정교한 모델을 활용하여 시장 동향을 예측하지만 이러한 예측도 불명확합니다. 경제 시스템은 정치적 결정, 기술 발전, 사회적 행동 등 수많은 요인의 영향을 받기 때문에 그중 상당수는 예측할 수 없습니다. 2008년 금융위기는 가장 강력한 모델이라도 중요한 사건을 예측하지 못할 수 있다는 사실을 극명하게 보여줍니다.

역사도 인간이 미래를 예측할 수 없음을 보여주는 증거입니다. 제국의 흥망성쇠, 전쟁의 발발, 혁명 운동의 출현은 당대의 관찰자들이 거의 예상하지 못한 일이었습니다. 역사의 과정은 수많은 선택과 사건에 의해 형성되며, 각 선택과 사건은 불확실성을 토대로 연결돼 있습니다.

대부분의 사람이 과거를 토대로 미래를 예측하려고 합니다. 당신이 만약 직장인이라면 지금 직장 생활을 바탕으로 미래를 예측하려 할 겁니다. 월급이 꾸준히 들어올 거라는 전제하에 소비 계획을 수립하죠. 근데 신입 직원 두 명 중 한 명은 1년 이내에 퇴사합니다. 또한, 과거처럼 한 직장에서 10년 넘게 다니는 일도 10% 미만으로 적습니다. 그럼에도 현재 받는 월급을 토대로 대출을 받고, 소비한다면 특별한 사건이 발생했을 때 대처하지 못합니다. 코로나19로 인해 직장 생활을 못한 항공기 조종사가 주차장에서 일한 것처럼 말이죠. 의사 파업 역시 아무도 예상하지 못하다가 발생한 일입니다. 이런 현실을 이해하고 나면 미래 계획을 수립하는 게 얼마나 무의미한지 깨달을 수 있을 겁니다.

'미래에 내 모습은 당연히 ~해야 해.'라는 믿음으로 인해 불안감이 생깁니다. 직장 생활을 계속해야 한다는 믿음이 있는 사람은 퇴사나 승진 걱정을 하죠. 승진하지 못하면 그 자리를 유지하기 어려우니까요. 직장 상사에게 잘 보이기 위해 싫어하는 회식 자리에도 참석합니다. 그런 믿음은 자신의 가능성을 제한합니다. 분명 밖에 나와서 잘될 가능성이 있는 사람인데 자신이 어떤 유형의 사람이라고 정의해 버리는 순간 다른 가능성은 모두 사라집니다. 도전조차 못하게 되는 거죠. 과거를 기준으로 미래를 예측하는 습관이 얼마나 무의미한지를 인정한 후 새로운 가능성을 즐길 준비를 해야 합니다. 당신이 타임머신을 타고 고등학생 시절로 돌아간다고 가정해 볼게요. 그럼 지금 당신의 모습을 상상할 수 있을까요? 5년 전으로만 돌아가도 지금 이런 생활을 하고 있을 거라고 예측하진 못했을 겁니다.

다른 방식으로도 접근해 보겠습니다. 당신이 고등학생 시절로 돌아간다면 지금처럼 살고 싶은가요? 그렇지 않다면 이유는 무엇인가요? 후회되는 부분은 어떤 건지 생각해 보세요. 그리고 실제로 돌아간다면 어떻게 살고 싶은지 깊이 고민해 보길 바랍니다. 아마 당신은 새롭게 도전하지 못한 분야에 대해 후회할 거예요. 그게 아니라면 늦게 발견한 흥미 분야를 배워보고 싶다고 생각하겠죠. 살다 보니까 특정 분야에 관해 관심이 생겼을 거고, 좀 더 공부하고 싶은 마음이 클 거예요. 지금 고민한 내용을 그냥 머릿속으로만 생각하지 말고 공책에 기록해 보세요. 자유롭게 작성해 보길 바랄게요.

여기까지 마쳤다면 이제 내일 지구가 멸망한다면 어떤 걸 하고 싶은지 적어보세요. 딱 24시간만 나에게 주어진다면 뭘 하고 싶나요? 근사한 곳으로 여행을 가고 싶은 분도 있을 거고, 원했던 취미 활동을 하고 싶은 사람도 있을 거예요. 가족들과 못다 한 이야기를 나눌 수도 있습니다. 원수처럼 여겼던 사람과 화해하고 싶기도 하겠죠. 이 부분도 공책에 자유롭게 기록해 보세요. 하고 싶은 활동과 이유, 구체적인 실행 방안을 적어보세요. 내용을 살펴보면 대부분 많은 돈이 필요한 일은 없을 겁니다. 100만 원 이하만 있어도 대부분 실현 가능하죠. 돈이 완전히 들지 않을 수도 있습니다.

여기까지 내용을 적었다면 이제 당신이 어떤 방향으로 나아가야 할지 보일 거예요. 후회한 점이 있다면 앞으로 같은 실수를 반복하지 않게 살아가면 됩니다. 도전을 안 해서 후회한다고요? 그럼 지금 당장 내가 하고 싶었던 일에 도전해 보세요. 현실적인 요인 때문에 도전을 못한다는 말은 하지 마세요. 하루에 한 시간이라도 꿈을 위해 투자하면 삶이 바뀌기 시작합니다. 하루에 10시간 이상 집중해야 성공할 수 있는 건 아니에요. 실제로 제 수강생 중에는 밤 10시부터 사업 준비를 한 사람도 있었고, 농사를 짓고 나서 힘든 상태에서 창업 관련 공부를 한 사람도 있었어요. 여건이 좋지 않아서 실패한 사람은 없었습니다. 삶이 편하니까 굳이 더 큰 노력을 하지 않았어요.

그 후에는 지구가 멸망하기 전에 하고 싶은 일을 실행에 옮겨보세요. 가족과 사이가 좋지 않다면 대화할 기회를 만들어서 풀어보세요. 함께 여행을 가고 싶다면 당일치기라도 좋으니까 같이 떠나면 됩니다. 그냥 아무것도 하지 않고 쉬고 싶은 분들은 하루 연차를 써서라도 그냥 푹 쉬세요. 그래도 아무 일도 일어나지 않습니다. 내가 빠지면 회사가 돌아가지 않을 거라고 믿는 거 자체가 순진한 거예요. 당신이 없어도 회사는 아무 문제없이 잘 운영됩니다. 하루 휴식했다고 내 인생에 큰 문제가 생기지 않아요. 무조건 열심히 사는 게 정답이라거나 혹은 모범적인 삶이 아닙니다. 당신 스스로를 챙길 줄 알아야 합니다. 하고 싶은 게 있으면 당장 하세요. 우리는 길어 봤자 100년밖에 살지 못합니다.

브랜드 아파트, 명품, 외제 차 모두 죽으면 갖고 갈 수 없어요. 근데 그 시기에 할 수 있는 경험은 100억 원을 줘도 살 수 없습니다. 삼성 회장도 학창 시절 경험을 돈으로 살 순 없죠. 당신이 지금 머무는 그 순간과 시간이 어떤 요인보다 가치 있는 거예요. 당연하다고 생각하고, 느낄 수 없으니까 그 가치를 모를 뿐입니다. 당신도 돌아가고 싶은 시기가 다 있을 텐데 그때 당시에는 얼마나 그 순간이 소중한지 몰라요. 부모님이 항상 옆에 계실 거 같아서 전화 오면 귀찮아 하는데 돌아가신 후에는 그 어떤 전화보다 가장 받고 싶을 겁니다.

그러니까 가치 없는 일에 너무 몰입하지 말고, 진정으로 중요한 게 어떤 건지 고민해 보길 바랍니다. 그럼 우울하고 불안하지 않을 거예요. 지금 이 순간이 너무 소중하고, 좋기 때문이죠. 그렇게 행복하게 살다 보면 외부 요인과 상관없이 행복한 삶을 살아갈 수 있을 겁니다.

바운싱Bouncing 이론: 인생 성공 원리

혹시 야구를 좋아하나요? 저는 가끔 야구 경기를 보는데요. 야구를 보다 보면 공을 던지는 투수와 공을 치는 타자가 가장 눈에 띕니다. 타자가 등장하면 타율을 소개해주는데 보통 3할 대를 기록하는 타자가 잘 친다고 평가받습니다. 3할은 0.3을 의미하죠. 10번 나와서 3번 안타나 홈런을 친다는 말인데 그런 기록을 보유한 타자가 높게 평가받습니다. 사업도 마찬가지입니다. 당신이 사업을 시작하고, 어떤 아이템을 출시했다면 아무리 열심히 준비해도 30% 이상 성공률을 보이기 힘들어요.

대다수 사람들은 한 번 도전하고, 한 번 실패하면 바로 포기를 해버려요. 자신은 사업에 소질이 없다고 말하면서 말이죠. 여기서 성공이 결정되는 겁니다. 성공하는 사람들은 실패를 오히려 성장 기회로 삼아 더 좋은 결과물을 만들어요. 실제로 성공한 사람 사례를 살펴볼게요. 모바일게임 회사 '111퍼센트'의 김강안 대표는 87년생이에요. 2020년에 1500억 원의 매출을 달성했죠. 김강안 대표가 특별한 사람이라서 그럴까요? 아닙니다. 그는 실패를 기회로 만들었을 뿐입니다.

2012년도에 첫 애플리케이션을 개발했고, 그 후로 3년간 8번 창업에 도전했습니다. 근데 김강안 대표는 8번 모두 실패했지요. 창업 실패로 5,000만 원이라는 빚만 남았어요. 실패 경험을 토대로 2015년도에 111퍼센트라는 기업을 세웠습니다. 그리고 6년 만에 연 매출 1,500억을 달성합니다. 스타트업 창업으로 2억 원 넘게 번 조승우 씨도 마찬가지예요. 중국 유학까지 포기하면서 멘토링 학원을 창업했는데 빚만 5억 원 넘게 생겨요.

그럼에도 포기하지 않고, 새로운 창업에 도전해 7억 원 넘는 매출을 달성합니다. 이렇게 지금 당장 성공한 것처럼 보이는 사람들 모두 실패를 경험했어요. 이 실패를 발판 삼아 실력을 빠르게 키웠고, 지금은 누구나 부러워하는 삶을 살고 있습니다. 당신도 이 사실을 깨달아야 해요. 만약 사업에서 좋지 않은 결과를 얻었다면 그 사실에 감사해야 합니다. 준비되지 않은 상태에서 운으로 성공한 사람들은 그만큼 빠르게 무너지기 때문이죠.

실패를 토대로 내실을 다지고, 한 분야에 전문성이 뛰어날 때 창업을 하면 빠른 폭으로 성장합니다. 위에서 소개한 두 사업가가 그랬던 것처럼 말이죠. 실패는 내가 잘 성장하고 있다는 증거입니다. 그럼 성공한 사람들은 실패를 어떻게 기회로 만들까요? 이걸 아는 순간 생각보다 성공이 쉽게 느껴질 겁니다. 저 역시 이 방법을 배우고 빠른 속도로 성장했죠. 성공한 사업가들은 실패를 했을 때 두 가지 방법을 씁니다.

첫째, 문제점 분석이에요. 실패를 하면 원인 분석에 집중해야 해요. 어떤 요인으로 인해 실패했는지 명확히 알아야 같은 실수를 반복하지 않습니다. 그렇게 문제 요인을 하나씩 없애 나가면 원하는 답을 찾을 수 있습니다.

둘째, 새로운 도전을 합니다. A라는 방법이 통하지 않았으니까 B라는 방법을 써보려는 거죠. 드라이버를 활용해서 나사를 조이는 상황을 떠올려보세요. 드라이버로 나사를 조이려고 했는데 크기가 맞지 않는다고 가정해보죠. 그럼 그 크기에 맞는 드라이버를 가져와서 다시 원하는 결과를 얻으려고 할 거예요. 각 나사 크기에 맞는 적합한 드라이버는 어딘가 있기에 계속 시도하는 거죠. 퍼즐 맞추는 상황도 비슷해요. 수많은 조각 중에서 적합한 조각을 찾을 때까지 반복적으로 도전하죠. 그러다 보면 언젠가는 원하는 형태의 퍼즐 조각을 찾게 됩니다.

사업할 때도 퍼즐을 맞춘다는 생각으로 하면 좋겠습니다. 사업이 아닌 다른 새로운 도전을 할 때도 마찬가지고요. 한 번에 원하는 조각을 모두 찾는 건 불가능에 가깝습니다. 수많은 퍼즐 조각 속에서 지금 내 상황에 맞는 조각을 찾아야 하죠. 다만, 이 조각 수를 줄일 순 있습니다. 1,000피스짜리 퍼즐을 맞추는 것보다 100피스짜리 퍼즐을 맞출 때 시간이 더 조금 걸릴 거예요. 힘도 덜 들 겁니다. 그럴 수 있게 이 책에서 제가 성공한 방법을 하나씩 알려 주려고 합니다. 천천히 따라오다 보면 퍼즐을 모두 완성할 수 있을 거예요.

가장 중요한 건 퍼즐을 찾는 과정을 즐기는 겁니다. 당신이 퍼즐을 모두 맞추면 그 순간에는 기쁘겠죠. 하지만 곧 다른 퍼즐을 찾을 거예요. 새로운 퍼즐을 맞춰 보면서 흥미를 느끼죠. 결과보다는 과정에 집중하면서 말이죠. 당신이 어떤 위치에 있던 성공하려면 실패하고, 그 안에서 해결하는 과정을 즐길 줄 알아야 해요. 원하는 결과를 얻기 위해 수많은 실패를 반복해야 하기 때문입니다. 그런데 단 한 번의 실패로 좌절하고, 포기하는 사람이 많아요. 퍼즐 조각을 모두 한 번에 찾고 완성품을 만들려는 욕심과 같죠.

실패 과정에서 흥미를 느끼려면 빠르게 새로운 방법을 시도해야 합니다. 좌절할 시간도 없이 새로운 일을 해보는 거죠. 저 역시 사업 초기에는 수많은 실패를 반복했어요. 블로그, 유튜브, 인스타그램 등 온라인 창업을 준비하는 사람이라면 해봤을 법한 사업에 도전했죠. 새로운 도전을 할 때는 새벽까지 일했을 정도로 열심히 했어요. 예상과 달리 결과가 좋지 않은 경우가 대다수였어요. 실패를 하는 순간 저는 새로운 사업 분야에 도전했습니다. 계속 움직이다 보면 언젠가는 답을 찾는다는 생각으로 말이죠.

저는 당신이 이런 도전을 계속할 줄 아는 사람이 되었으면 합니다. 명확한 목표지를 정해 놓으면 차를 타던 비행기를 타던 결국 도착하게 돼 있어요. 당신이 지금 이루고 싶은 꿈과 목표 수익, 꿈을 이뤘을 때 어떤 삶을 살고 싶은지 명확하게 그린 다음 도전을 계속해 보세요. 한 번의 실패는 웃으면서 털어 버리고, 새로운 방법을 찾는 게 중요합니다. 내가 하는 일이 100% 성공률을 보일 수 없다는 사실만 깨달아도 원하는 목표를 달성할 수 있을 겁니다. 결과보다는 과정을 볼 줄 아는 사람이 결국에는 성공합니다.

N2P 공식:
언어가
삶을 정의한다

N2P 법칙은 언어를 활용해 삶을 바꾸는 방법입니다. 쉽게 설명하면 부정적인Negative 단어를 긍정적Positive으로 바꾸는 거죠. 평소에 무심코 사용했던 부정적인 단어가 당신의 신념을 바꿀 수 있기에 그런 부분을 개선하는 작업을 이번 장에서 할 겁니다. 뒤에 내용을 읽기 전에 종이와 펜을 준비해 주세요. 그럼 이제 본격적으로 언어 교정 작업을 시작해보겠습니다. 우선, 평소 기분이 좋지 않을 때 자주 사용하는 말이나 단어를 5개 적어주세요.

"아, 진짜 다 포기하고 싶다."
"미치겠다, 진짜."

이런 식으로 5개 적으면 됩니다. 해당 단어를 바라보기만 해도 기분이 좋지 않을 겁니다. 그럼 이제 그 단어를 기분을 좋게 만들어주는 긍정어로 바꿔보세요. "아, 진짜 다 포기하고 싶다."라는 문장은 "아, 잠깐 휴식했다가 다시 하고 싶다."와 같이 바꿔 쓸 수 있습니다. "미치겠네."라는 말은 "상황이 흥미롭네." 또는 "저 사람 분위기를 재밌게 만드네."라는 말로 바꿀 수도 있죠.

해당 사례처럼 당신이 자주 쓰는 부정적인 단어나 표현을 바꾸기만 해도 상황에 휘둘리지 않게 됩니다. 저도 비슷한 방식을 활용해 부정적인 상황을 극복하고, 그 에너지를 다른 곳에 써서 생산성을 높였어요. 부정적인 언어뿐만 아니라 평범한 말도 좀 더 긍정적으로 바꾸면 삶이 즐거워지기 시작합니다.

"나는 이 일에 관심 있어."라고 말하기보다 "나는 이 일이 진짜 좋아."라는 식으로 표현하거나 "내 삶은 괜찮아."보단 "내 삶은 진짜 축복받았어."처럼 말하는 습관을 키우면 긍정적인 에너지를 강화할 수 있습니다. 이런 긍정적인 언어를 사용하다 보면 주변 사람들이 나를 따르기 시작해요. 좋은 향기가 나는 곳에 더 오랜 기간 머물고 싶어 하는 사람의 심리처럼 좋은 에너지를 발산하는 사람 옆에 더 많은 사람이 모입니다.

같이 있기만 해도 기분 좋아지는 사람의 언어를 한번 관찰해 보세요. 긍정적인 언어를 위주로 쓴다는 사실을 알 수 있을 거예요. 이와 달리 불평, 불만만 가득한 사람은 주변 사람을 불행하게 만듭니다. 어떤 일을 해도 기본은 인간관계라는 사실을 기억해야 합니다. 사람은 행복해지기 위해 다른 사람과 좋은 관계를 유지하려고 하죠. 옆에 있을 때 행복함을 느끼게 해주는 사람만이 어떤 일을 해도 성공할 수 있습니다.

긍정적인 언어를 사용했을 때 또 다른 좋은 점은 상상했던 모습이 현실에 나타난다는 점이에요. 긍정적인 에너지는 좋은 파장을 만들고, 해당 파장은 현실을 바꿀 수 있는 힘을 끌어당깁니다. 언어만 바꿔도 삶이 행복해진다는 사실을 기억하고, 2주 동안은 긍정적인 언어만 사용해 보세요. 그럼 놀라울 정도로 행복한 삶을 살 수 있습니다. 실제로 제 수강생 미영님의 사례를 들려줄게요.

미영 씨가 저를 처음 찾아왔을 때는 부정적인 언어로만 소통하려 했어요. "대표님 제가 할 수 있을까요? 이 나이에 이런 경력밖에 없어서 스스로가 한심하게 느껴져요." 이게 첫마디였죠. "신청은 했지만 두려운 마음에 포기하고 싶어요. 대표님이 저를 성공시켜 주지 못하면 저는 정말 죽고 싶을 거예요." 이런 극단적인 말도 계속했습니다. 그녀가 사업 관련 내용을 배우러 왔지만, 수업을 멈추고 언어 교정 작업부터 도와주기로 했어요. 그 부분을 바꾸지 못하면 사업을 쉽게 포기할 거라는 사실을 알았죠.

가장 먼저 미영 씨가 하는 말을 모두 기록하게 했어요. 30분 동안 대화한 내용을 들은 다음 부정적인 단어와 표현을 찾게 했죠. 그 후 부정적인 언어를 긍정적으로 바꾸도록 했습니다. 2시간 넘게 언어 교정 작업을 진행했고, 그녀는 스스로 이렇게 많은 부정어를 사용하고 있다는 사실에 놀라움을 표했어요. 긍정어로 바꾼 후에는 한 달간 교정된 표현만 쓰도록 했어요. 또한, 매일 다른 누군가와 대화하다 부정적인 말을 하면 기록 후 긍정어로 바꿔보라는 과제를 냈죠.

그렇게 한 달이 흐른 후에 다시 만난 미영 씨는 완전히 다른 사람으로 변해 있었어요. "대표님, 다시 만나 뵙게 되어 정말 좋아요. 저는 이 사업을 끝까지 해낼 수 있을 거라고 믿어요. 심지어 요즘에는 과제를 하는 과정 자체가 너무 즐거워요. 이런 기회를 주셔서 감사해요." 언어만 바꿨을 뿐인데 가치관이나 사업을 준비하는 태도 모두가 바뀌어 있었어요. 실제로 그녀는 6개월 동안 도전을 계속했고, 결국에는 온라인 창업에 성공했습니다.

미영 씨 사례처럼 언어가 삶을 정의한다는 사실을 꼭 기억해야 해요. 당신도 오늘부터 어떤 언어를 사용하고 있는지 확인해 보세요. 혹시 부정적인 말을 하고 있다면 메모장이나 녹음기에 기록해 두세요. 그 후 해당 언어를 긍정어로 바꿔보고 현실에서 적용하는 연습을 반복해 보세요. 한 달 정도만 연습해도 어떤 일을 해도 해낼 수 있다는 믿음을 갖게 될 겁니다. 언어 교정이 성공의 시작점입니다.

L.T.Q.M. 법칙:
인생을 바꾸려면
4개 영역을 공략하라

운동을 좋아하나요? 저는 운동을 좋아하는 편이 아니었어요. 아무리 열심히 운동해도 변화한 모습이 보이지 않아서 쉽게 지치곤 했죠. 근데 다섯 달 정도 꾸준히 하다 보니까 예전보다 근육이 커진 걸 확인할 수 있었어요. 처음 모습을 사진으로 남겨 놨는데 확실히 몸이 커져 있었죠. 예전에 입던 옷도 작게 느껴졌어요. 운동을 통해 근육을 키우는 것처럼 내면의 힘을 기르는 일도 같은 원리가 작용합니다. 팔 굽혀 펴기와 같은 운동을 총 4가지 소개해드릴 거예요. 처음에는 아무리 열심히 해도 변화한다는 느낌을 받지 못합니다. 그렇게 반복하다 보면 어느 순간 크게 성장한 자신을 발견하게 되죠. 지금부터 그 활동을 하나씩 공개하겠습니다.

첫 번째는 끌어당김의 법칙Law of Attraction이에요. 생각만으로 원하는 현실을 얻을 수 있다는 사실을 20대에 깨닫고, 지금까지 끌어당김 법칙을 실천하고 있어요. 저는 매년 끌어당기고 싶은 내용을 다이어리에 메모해 두는 데 신기하게 연말에 살펴보면 모든 목표를 달성했다는 사실을 확인할 수 있었어요. 끌어당김을 단순히 시각화와 연결 짓는 경우가 많은데 사실은 신념을 바꾸는 게 해당 법칙의 핵심이에요. 근데 많은 분들이 시각화에만 집중해서 끌어당김 법칙이 허상이라고 말하죠. 그런 이유에서 1장에서는 어떻게 원하는 모든 것을 끌어당길 수 있는지 당신에게 알려드릴게요.

두 번째는 신학Theology이에요. 우리는 모두 신이라는 사실을 깨달아야 남들이 불가능하다고 생각하는 일들을 이룰 수 있어요. 지방대생이었던 제가 매출 3억 원을 올리는 사업가가 된 사실을 발견한 주변 친구들은 지금도 믿기 힘들어해요. 부모님 역시 처음에는 제가 사업에서 성공할 거라는 기대를 전혀 하지 못했어요. 오히려 좋은 직장을 그만둔다는 사실에 반대하셨죠. 이런 주변의 의구심에도 사업에 도전해 성공할 수 있었던 이유는 바로 제 안에 신을 발견하고, 그 에너지를 현실에서 활용했기 때문이에요. 2장에서는 신학에 대한 기본 개념을 알려주고, 신이 지닌 에너지를 현실에서 어떻게 활용할 수 있는지 방법을 공개할 예정입니다.

세 번째는 양자역학Quantum Mechanics입니다. 현대인들은 기계론적 세계관으로 세상을 이해하고 있습니다. 그럼 사고에 한계가 생기죠. 양자역학을 이해하고 있어야 비현실이라고 믿어지는 다양한 능력을 현실에서 발휘할 수 있어요. 왜 끌어당김 법칙이나 시각화, 사고가 현실을 결정할 수 있는지도 알게 되고요. 수학이 절대 진리이고, 지금 알고 있는 지식이 전부라고 생각하는 분들은 양자역학 개념만 이해해도 사고가 많이 바뀔 겁니다.

네 번째는 명상Meditation입니다. 명상은 내면의 힘을 극대화하고, 참된 행복을 가져옵니다. 사람들은 결과를 얻어야 행복하다고 믿습니다. 돈을 많이 벌면, 원하는 대학에 들어가면, 대형 아파트를 사면 참된 행복을 얻을 거라고 착각하죠. 이런 결과에 주목해서는 불행한 삶을 살 뿐만 아니라 원하는 결과를 얻기도 힘듭니다. 매 순간을 즐기는 사람들이 결국 막대한 보상을 얻습니다.

김연아 선수가 부자가 되려고 피겨 스케이팅 선수가 된 게 아닙니다. 피겨스케이팅을 잘하기 위해 연습하는 과정을 즐겼고, 그렇게 노력하다 보니 남들이 부러워할 만큼 돈을 벌게 된 거죠. 이렇게 매 순간 즐길 수 있는 능력을 명상 파트만 봐도 키울 수 있을 거예요. 이런 네 가지 활동은 최종적으로 지식 확장력을 키우는 데 큰 영향을 미칩니다. 꼭 순차적으로 책을 읽고, 이해가 가지 않으면 여러 차례 반복적으로 살펴본 후에 다음 장으로 넘어가세요. 그렇게 하나씩 도구를 내 것으로 만들면 성공은 자연스레 따라옵니다.

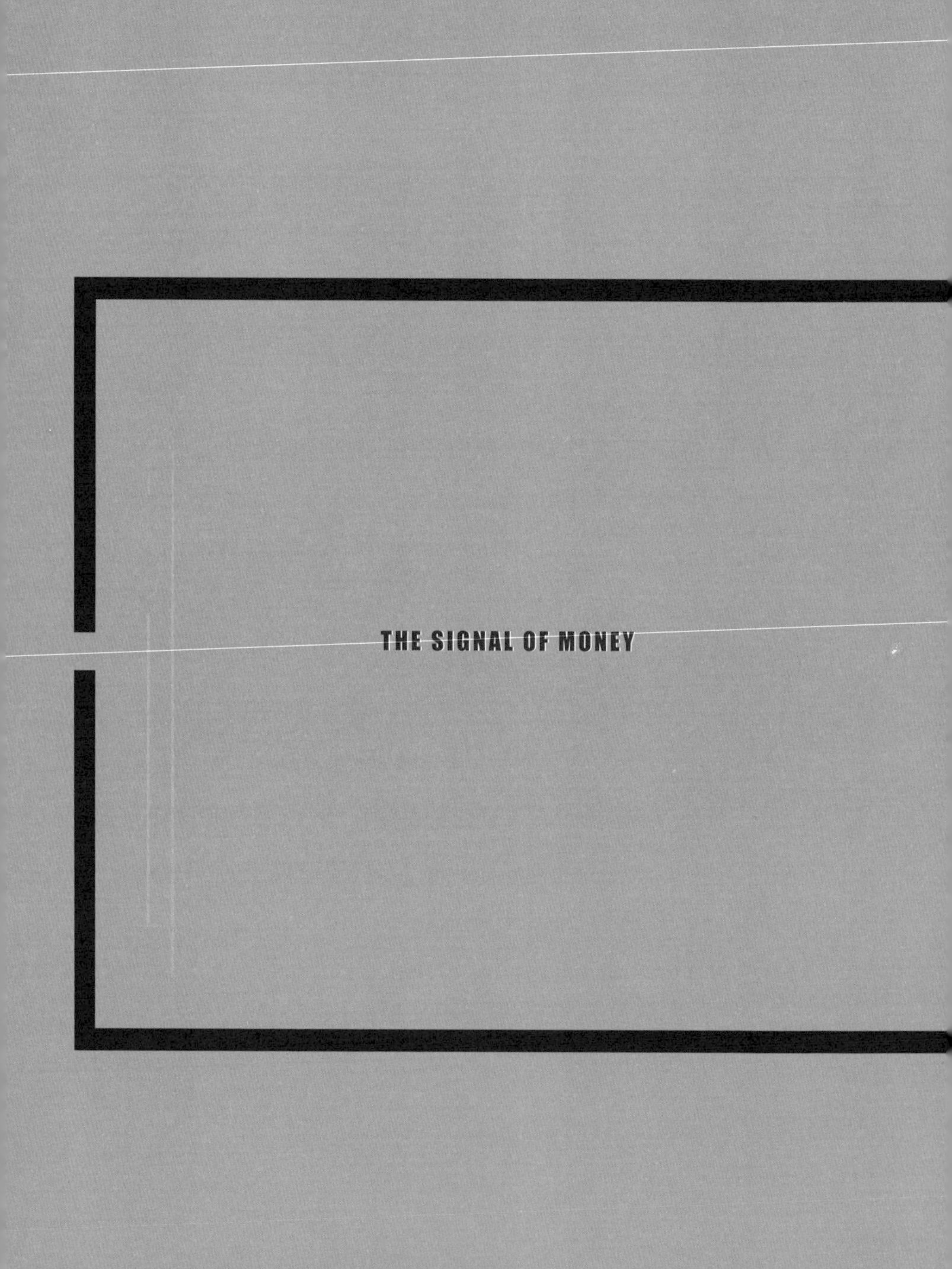

THE SIGNAL OF MONEY

2부

돈의 시그널,
부자가 되는 과학적인 원리

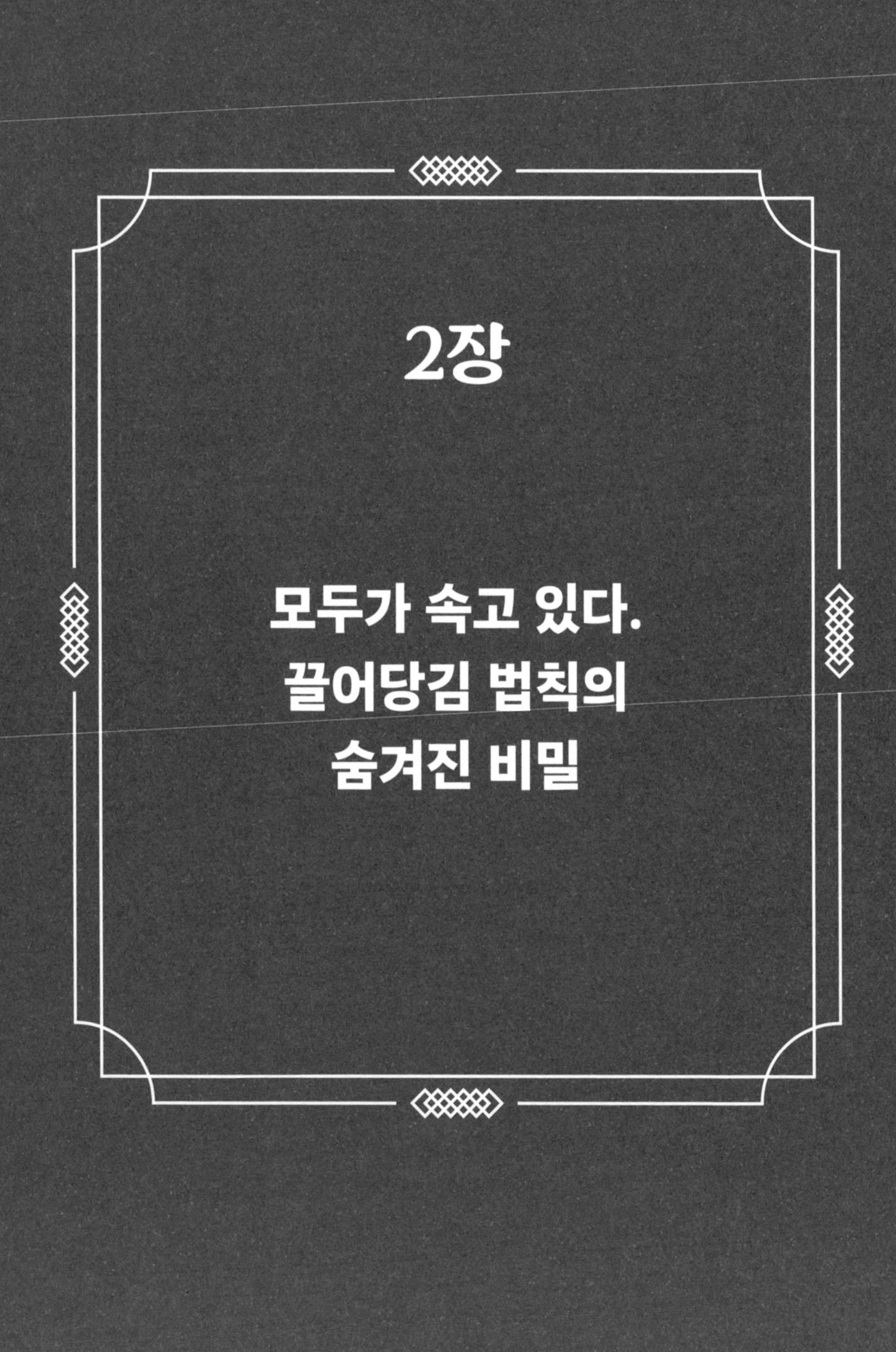

2장

모두가 속고 있다.
끌어당김 법칙의
숨겨진 비밀

당신의 끌어당김이 작동하지 않는 충격적인 이유

인간의 한계는 어떻게 결정할까요? 그 답을 알려주는 한 가지 사례가 있습니다. 바로 100미터 달리기인데요. 과거 과학자들은 인간이 100미터를 10초 안에 돌파하는 것은 불가능하다고 믿었습니다. 실제로 수많은 육상 선수들이 10초대를 기록했죠. 근데 1968년 전미육상선수권 대회에서 미국의 지미 하인즈 선수가 9초9를 기록했어요. 그 후로 줄지어 다양한 선수들이 9초대 벽을 무너뜨렸습니다.

1968년 이전에는 불가능처럼 여겨졌던 9초대 기록을 어떻게 미래 선수들은 돌파할 수 있었을까요? 네, 바로 신념 덕분입니다. 그들은 하인즈 선수가 9초대를 기록한 모습을 보고, 자신도 노력하면 9초대 돌파가 가능하다고 생각했죠. 생각을 바꾼 그들은 실제로 생각을 현실로 만들어 냈습니다. 이처럼 신념은 우리 현실을 바꿉니다. 신념은 다른 말로 하면 보편적인 믿음입니다. 이런 신념은 현실뿐만 아니라 신체적인 변화까지 이끕니다.

대표적인 사례가 '플라세보 효과'입니다. 전혀 효과가 없는 약을 환자에게 준 다음에 이게 좋은 약이라고 말하고 복용하게 하면 실제로 효과를 봅니다. 이처럼 신념이 그 사람의 현실 상태를 결정합니다. 이런 신념은 경험에서 비롯됩니다. 당신이 스스로에게 "나는 성공할 거야."라고 말하면 어떤 생각이 드나요? 말은 하지만 믿기진 않을 겁니다. 왜냐하면 내가 성공한다는 신념이 없기 때문이죠.

그럼 성공한 사람들은 어떻게 성공한 신념을 가질까요? 네, 맞습니다. 바로 경험에 의해서입니다. 성공한 사람들 특징은 작거나 큰 성공을 하고, 거기에 대해 감정적으로 큰 행복감을 느낍니다. 이로 인해 도파민이 분비됩니다. 이런 현상을 뇌과학적인 측면에서 좀 더 살펴보겠습니다. 즐거운 행동은 보상회로를 만듭니다.

보상 회로는 마치 우리 삶의 모티브와 같습니다. 우리가 어떤 행동을 반복하게 만드는 힘, 바로 그곳에 이 회로가 있습니다. 삶을 살다 보면 여러 가지 자극이 우리에게 다가오죠. 이때 뇌의 특정 부위에서 도파민이라는 물질이 만들어집니다. 도파민은 마치 인생의 작은 보상처럼 우리를 기분 좋게 해줍니다.

이 도파민이 뇌의 다른 부분으로 전달되면, 우리는 기쁨을 느끼게 됩니다. 그런데 이 과정이 단순히 기분 좋은 것으로 끝나는 게 아닙니다. 뇌 속에서 감정을 다루는 부분이 있죠. 이곳이 그 행동을 감정적으로 받아들이고, 기억을 담당하는 또 다른 부분이 그 감정을 깊이 새깁니다. 우리의 뇌는 그 행동이 얼마나 가치 있는지, 앞으로도 반복할 만한지 판단을 내립니다.

이 과정을 거치면서 성공한 사람들은 작은 성취를 통해 커다란 즐거움을 느낍니다. 그 즐거움이 다시 새로운 도전으로 이어지고, 도파민은 다시금 그들을 자극합니다. 결국, 성공은 이 도파민의 작은 물결에서 시작해 더 큰 파도로 이어지며, 사람들은 그 파도를 타기 위해 끊임없이 도전하게 되는 겁니다. 삶은 이처럼, 도파민이라는 작은 신호로 인해 방향을 잡아가고, 그 방향 속에서 우리는 끊임없이 자신을 찾아가는 여정을 이어가는 것이 아닐까 싶습니다.

그러면 자연스레 성공 경험들이 쌓이죠. 이런 경험들이 모여 "나는 성공할 사람이야."라는 신념이 생깁니다. 즉, 감정 경험이 많으면 많을수록 신념이 강해지며, 우리가 경험하는 현실이 됩니다. 여기서 재미있는 사실이 하나 있는데요. 뇌는 현실과 상상을 구별하지 못합니다. 실제 사례로 살펴볼게요. 지금 레몬을 먹고 있다고 상상해 보세요. 그럼 어떤 가요?

입에 침이 고이죠. 우리가 실제로 레몬을 먹고 있지 않더라도 뇌는 같은 양의 자극을 받아 신체 변화를 일으킵니다. 과학자들이 한 연구를 보면 더 놀랍습니다. 농구 선수들을 A, B, C 세 그룹으로 나눈 다음 A 그룹은 실제 농구 연습을 하게 하고, B 그룹은 연습을 하지 않게 했습니다. C 그룹은 상상 속에서 농구 연습을 하게 2주간 지속했는데 A와 C그룹 농구 실력이 비슷하게 향상했습니다. 또한, 실제로 나무를 봤을 때와 나무를 상상했을 때와 뇌 활성화 정도가 같았다는 연구 결과도 있습니다.

그럼 내가 성공한 모습을 상상해서 경험하면 뇌는 실제로 상상했을 때와 같은 자극을 뇌에 전달하고, 그런 경험들이 모여서 결국에는 현실화되는 게 가능합니다. 그리고 상상을 통한 성공 경험으로 강한 도파민이 분비되면 우리 뇌는 그 상태를 원해서 실제로 성공할 수 있는 상황을 만들어 냅니다. 성공한 사람들 중에서 재능이 부족한 사람은 많았지만 신념이 부족한 사람은 없었어요. 누구나 다 내가 성공할 거라는 확신에 가득 찬 사람들이 결국엔 성공합니다.

시각화를 해도 끌어당김 법칙이 작동하지 않는다면 신념이 부족한 겁니다. 정리하자면 신념은 경험에서 나오는데 그 경험을 반드시 현실에서 할 필요는 없습니다. 상상으로도 충분히 같은 수준의 경험을 할 수 있습니다. 그 경험을 생생하게 해서 긍정적인 감정을 불러일으켜 도파민을 분비하면 결국에는 우리가 원하는 상황을 끌어당길 수 있습니다. 이게 바로 끌어당김 법칙의 성공 원칙입니다.

시각화를 얼마나 해야 하는지 많이 궁금해 하는데 많이 하면 할수록 좋습니다. 그 경험들이 신념이 돼서 우리 현실을 바꾸기 때문이죠. 오늘부터 당장 시간 날 때마다 내가 성공했을 때 모습을 떠올리고, 그때 어떤 행동을 할지 상상해 보길 바랍니다. 시각화를 한 번만 하고 바로 결과가 나타날 거라는 기대는 하지 마세요. 상상을 반복할수록 원했던 모습이 될 수 있다는 신념이 커지고, 그런 신념이 강해져야 실질적인 변화를 이룹니다. 일주일 도전해 보고 현실이 바뀌지 않는다고 포기하는 사람들이 많기 때문에 미리 말합니다. 매일 원하는 모습을 생생히 그려보세요. 그럼 당신의 현실이 바뀔 겁니다. 마치 물방울이 바위를 뚫는 것처럼요.

미래의 나와
연결해
현재를 바꾸는 방법

“내일 벌어질 일은 내일의 나에게 맡긴다.”

직장에서 회식하면서 가장 많이 들었던 말입니다. 주변 사람들만 봐도 미래에 벌어질 일들에 대해 크게 걱정하지 않고 행동하는 사람이 많습니다. 그냥 지금 당장의 쾌락을 추구하죠. 후회는 하지만, 행동에 큰 변화는 없습니다. 사실 우리가 성공하지 못하는 이유는 그 방법을 몰라서가 아닙니다. 이미 시중에 수많은 양질의 정보가 무료로 공개돼 있습니다. 유명 대학 온라인 공개 수업Massive Open Oline Course, MOOC을 활용하면 무료로 모두 들을 수 있죠. 유튜브만 봐도 예전에는 만나기도 힘든 사람들이 자신들이 어떻게 성공했는지 상세히 알려줘요.

근데 이 방법을 안다고 해서 모두가 성공할 수 있는 건 아닙니다. 지식만 배운다고 삶이 바뀌진 않습니다. 박태환 선수가 엄청나게 상세하게 수영법을 영상 강의로 알려준다고 가정해 볼게요. 10시간 넘는 영상만 보면 수영 지식만큼은 어느 누구보다 뛰어나질 수 있습니다. 그렇게 지식을 익힌 다음 수영장에 가면 어떤 일이 발생할까요? 생각과 달리 몸이 움직이지 않을 겁니다. 오히려 한 달간 수영 강습을 들은 사람이 더 빠르게 앞으로 나아가겠죠.

사업도 마찬가지입니다. 배운 내용을 실행에 옮겨야 하죠. 스티커 모으듯 전자책이나 강의, 책만 모아서는 성공할 수 없습니다. 결국, 현대인들이 성공하지 못하는 이유는 실행력 때문인데 왜 그럼 사람들은 실행을 못 할까요?

가장 큰 이유는 미래의 내 모습을 그려낼 수 없기 때문이에요. 당신이 어떤 프로그램에 참여해서 과제를 수행한다고 가정해 볼게요. 그냥 무작정 밥을 조금 먹으라고 하고, 운동을 하라고 해요. 그래야 하는 이유는 운영진이 설명해 주지 않죠. 물론, 돈처럼 보상이 있으면 단기간은 지속할 수 있을 거예요. 시간이 지날수록 보상이 주는 만족감보다는 지루함과 공허함이 커집니다. 그러다 나중에는 돈을 줘도 안 하는 상황에 처하죠.

이와 달리 이번에는 같은 프로그램에 참여했는데 당신이 어떤 모습으로 변화해야 할지 이미지를 보여준다고 생각해 볼게요. 연구진은 당신이 건강한 모습으로 행복하게 살고 있는 모습을 가상현실 공간에 구현한 다음 당신이 생생하게 느낄 수 있게 보여 줍니다. 현실에서는 불가능하지만 그때 느끼는 감정도 느끼게 만들었죠. 그럼 운동과 건강한 식단에 대한 확실한 경험을 했기 때문에 중간에 포기할 확률이 낮아질 겁니다. 역으로 돈을 줘도 포기하지 않고, 끝까지 하려고 하겠죠. 삶도 마찬가지입니다. 미래의 나와 지금의 내가 동일한 사람이라고 가정한 상태에서 무책임하게 책임을 뒤로 미루면 현실을 바꿀 수 없습니다. 아무리 좋은 지식을 얻어도 실행을 못 하게 되는 거죠.

미래의 나를 선명하게 상상한 다음 그 모습을 위해 노력해야 하는 것들을 계획하면 생각보다 쉽게 그 위치에 도달할 수 있습니다. 예를 들어, 월 1,000만 원 버는 성공한 사업가를 목표로 세우고, 시각화했다고 가정해 볼게요. 해당 목표를 이뤘을 때 어떤 삶을 살고 있는지 구체적으로 상상해 보세요. 그럼 왜 내가 그 돈을 벌어야 하는지 느끼기 시작할 거예요. 미래의 내 모습을 선명히 그렸다면 그 모습이 되기 위해 어떤 노력을 할 지 계획을 세우면 됩니다. 사업 아이템 선정부터 어떤 순서로 돈을 벌지 계획을 세우고 나면 실행력이 높아질 수밖에 없습니다.

그런데 내가 월 1,000만 원 버는 사업가라는 구체적인 생각을 하지 않은 상태로 무작정 돈만 많이 벌려고 하니까 대부분 중간에 포기하는 거예요. '돈을 번다'라는 사고에서 '어떻게 무엇으로 돈을 벌고, 목표 달성 후에는 어떤 모습이다'라는 사고로 바뀌는 순간 삶에 방향성이 생기기 시작합니다. 이런 과정 없이 유튜브, 블로그, 스마트스토어로 돈 버는 법을 배우는 건 무의미해요.

중간에 포기할 확률이 높기 때문이죠. 이제 당신에게 과제를 하나 드릴게요. 10년 후 당신의 모습을 구체적으로 상상해 보세요. 시각, 촉각, 후각, 미각, 청각을 모두 활용해서 그 상황에 있는 당신을 느껴보세요. 그럼 뇌는 상상을 현실이라고 느끼고, 그 모습과 현재 모습의 차이를 줄이기 위해 열심히 작동할 거예요. 지금 하는 행동이 과연 미래에 있는 당신에게 도움이 될지, 아니면 부담감을 줄지 항상 생각해 보세요. 술을 마신다면 내일 당신이 어떤 힘듦을 겪을지 상상해 보는 거예요. 그럼 어떤 유혹도 쉽게 극복하고, 미래의 당신에게 도움이 되는 방향으로만 행동을 하게 됩니다. 행동 근거가 미래의 당신을 위한 혜택에 주목하면 자연스레 꿈꾸던 모습이 현실이 됩니다. 이 사실을 기억하고, 미래의 당신을 떠올려 보길 바랍니다.

10년 후 내 모습을 상상하며 나에 관하여 작성해 보세요!

시크릿 작가도 숨기는 끌어당김 법칙 작동 원리

살면서 이런 경험을 해보았을 겁니다. "아, 오늘 정말 재수 없어."라고 말했더니 하루 종일 안 좋은 일이 반복되는 거죠. 이런 일이 왜 발생하는지 과학적으로 증명한 책이 있는데요. 바로 론다 번의 《The Secret 시크릿》입니다. 론다번의 시크릿에 나오는 핵심 개념은 '끌어당김 법칙'입니다. 끌어당김 법칙은 내 생각이 우주에 긍정적 또는 부정적 주파수를 보내 현실로 끌어오는 법칙을 말합니다. 즉, 원하는 걸 생각하고, 그 생각 주파수 파장을 우주로 보내면 비전이 현실이 된다는 의미입니다. 내가 원하는 게 있으면 생각만으로 모두 가질 수 있다는 매력적인 법칙이죠. 실제로 조 바이탤리 박사는 "생각은 자기 신호를 전송해 비슷한 것이 되돌아오게 끌어당긴다."라는 말을 남겼습니다.

수많은 유명인도 끌어당김 법칙의 유용성을 말했죠. 책이 인기를 끌면서 부정적인 목소리도 등장했습니다. "책에 나온 것처럼 했는데 효과가 없더라."라고 말하는 사람들이 늘기 시작한 거죠. 그런 이유에서 이번 장에서는 과연 끌어당김 법칙이 정말로 효과가 있는지와 그 법칙을 어떻게 활용해야 하는지 알려주도록 하겠습니다. 제가 이야기한 내용만 잘 이해해도 당신이 인생에서 원하는 일들은 모두 이룰 수 있을 겁니다. 답을 찾으려면 다음 용어 의미부터 명확히 알아야 합니다.

1. 잠재의식
2. 무한 지성
3. 에너지

이 세 가지가 끌어당김에 중요한 요인이기에 꼭 위에서 언급한 의미를 이해하고 아래 내용을 읽어주세요. 사람들이 끌어당김 법칙을 이해하지 못하는 이유는 원자 수준에서 해당 법칙이 작동하기 때문입니다. 원자는 모든 물질을 이루는 가장 기본적인 요소인데 당신과 우주가 같은 물질로 이뤄졌다고 말할 수 있는 게 원자 덕분입니다. 원자는 양자물리학에서 다룹니다.

이 분야를 좀 더 쉽게 이해하려면 영화 〈앤트맨〉을 생각하면 됩니다. 영화에서는 특별한 옷을 입은 주인공이 양자 수준인 보이지 않을 정도로 작은 세계로 진입합니다. 자기 몸을 줄여서 말이죠.

그 안에서는 우리가 일반적으로 경험하는 물리적인 공간과 전혀 다른 법칙이 작용합니다. 양자 물리학에서 얻는 실험 결과는 관찰자의 존재와 관찰 방식에 따라 달라집니다. 이해를 돕기 위해 유명한 실험 사례를 소개하겠습니다. 양자역학의 핵심 원리가 담긴 '이중 슬릿 실험'을 참고하면 제가 하는 말을 좀 더 쉽게 이해할 수 있을 겁니다.

리처드 파인만은 "양자역학의 모든 것이 이 실험 속에 들어있다."라고 말하기도 했습니다. 이 세상에는 축구 공과 같은 입자가 있고, 파도와 같은 파동도 있습니다. 파동은 실체가 없는 에너지입니다. 이 둘은 차이가 큰데요. 공은 당신이 발로 차면 위치가 바뀌지만, 파동은 그렇지 않습니다. 강에 돌을 던지면 파동이 생기는데 물 위치는 바뀌지 않지만 잔물결이 움직여 나가는 것을 볼 수 있습니다.

파동은 흥미로운 특성이 있는데요. 진동수가 같은 파동은 만나면 세기가 강해진다는 점입니다. 이런 현상을 공명이라고 부릅니다. 해당 사례를 잘 보여준 게 타코마 다리 붕괴 사건입니다. 1940년 미국의 워싱턴 주에 있는 타고마Tacoma 해협을 횡단하는 길이 853미터의 현수교가 건설되었는데, 개통식을 하고 불과 4개월 만에 붕괴되었습니다. 시속 67km/h의 어쭙잖은 바람에 무너졌습니다.

다리가 흔들리는 진동수와 주변 바람 진동수가 같아서 (작은 힘의 작용에도 큰 진폭 및) 공명이 큰 에너지를 만들었기 때문입니다. 파동의 또 다른 특성은 '간섭 현상'입니다. 간섭은 두 개 이상의 파동이

만나 새로운 모양을 만들어 내는 현상입니다. 이해하기 쉽게 예시를 살펴볼게요. 두 개 구멍을 뚫어 놓고, 페인트 묻은 야구공을 던진다고 가정해 봅시다. 그 구멍 뒤에는 벽이 있습니다. 계속 야구공을 던지면 그 구멍을 기준으로 두 개의 줄이 생길 겁니다. 다음 그림과 같은 모양이라고 이해하면 쉽습니다.

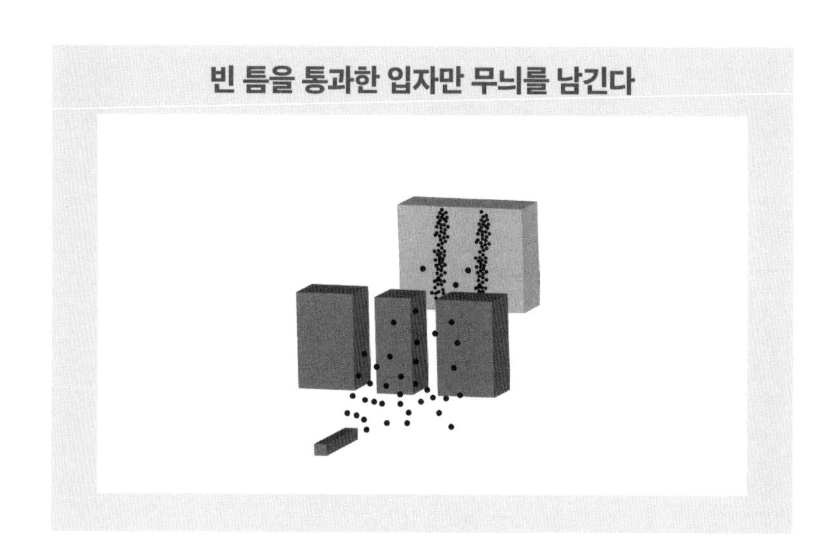

그런데 파동은 간섭 현상으로 인해 여러 줄이 생깁니다.

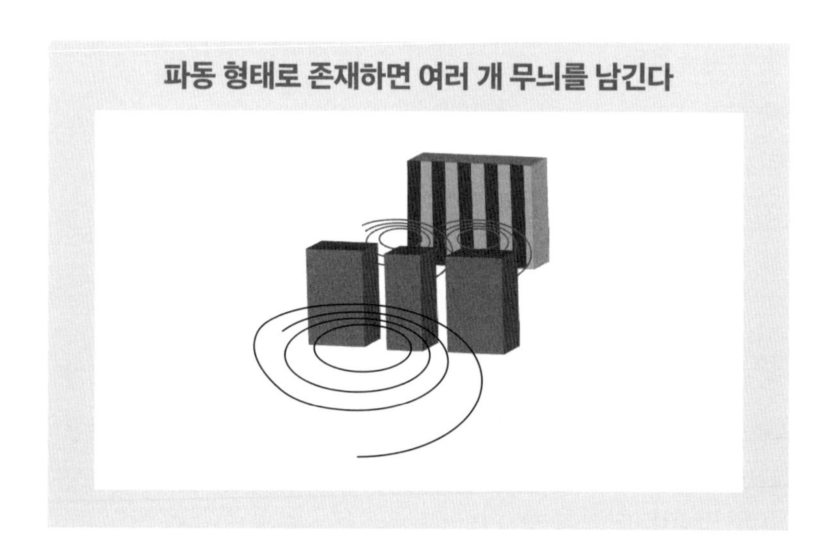

신기하죠? 무형의 에너지라서 가능한 현상입니다. 이런 현상을 활용해 실험을 진행한 사례가 이중 슬릿 실험입니다. 연구자들은 전자를 쏘는 전자총 앞에 세로로 난 구멍이 두 개인 판과 그 너머에는 전자를 맞으면 색이 변하는 스크린을 세워 놨습니다. 그리고 전자총을 쐈더니 아래와 같이 여러 개 줄이 생깁니다.

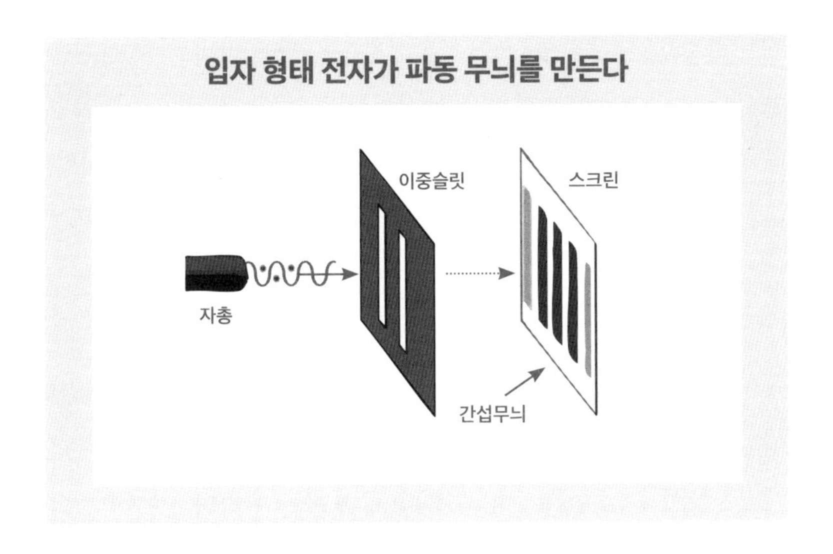

전자는 입자라서 줄이 두 개만 나와야 하는데 파동과 같은 간섭무늬가 생긴 겁니다. 이상함을 느낀 과학자들이 이중 슬릿 앞에 전자 검출기를 달았습니다. 전자가 어느 슬릿을 지나가는지 이동 경로를 확인하기 위험이었습니다. 근데 놀랍게도 검출기를 단 이후에는 간섭 무늬가 사라지고 두 줄만 선명하게 남았습니다. 전자 경로를 관측했다는 이유만으로 결과가 달라진 겁니다.

전자는 입자라서 줄이 두 개만 나와야 하는데 파동과 같은 간섭무늬가 생긴 겁니다. 이상함을 느낀 과학자들이 이중 슬릿 앞에 전자 검출기를 달았습니다. 전자가 어느 슬릿을 지나가는지 이동 경로를 확인하기 위험이었습니다. 근데 놀랍게도 검출기를 단 이후에는 간섭무늬가 사라지고 두 줄만 선명하게 남았습니다. 전자 경로를 관측했다는 이유만으로 결과가 달라진 겁니다. 이 실험은 매우 중요한 사실을 알려줍니다. 전자는 상황에 따라 입자 성질을 보이기도 하고, 파동 성질을 보이기도 한다는 것입니다. 그리고 더 흥미로운 점은 관찰 여부가 결과에 영향을 미친다는 점입니다. 우리가 관찰하고 의식하는 것이 현실에 영향을 줄 수 있다는 사실을 알 수 있죠.

당신 몸을 이루고 있는 전자도 마찬가지입니다. 입자의 성질을 보일 때도 있고, 파동의 성질을 보일 때도 있죠. 전자가 파동으로 행동할 때 그 파동은 실제로 에너지를 만들고, 그 에너지가 우주와 상호작용할 수도 있습니다. 이를 통해 우리는 우리의 생각이나 의도가 우주에 영향을 미칠 가능성을 유추할 수 있습니다. 생각이 현실을 만든다는 끌어당김 법칙이 거짓말 이 아니라는 증거이기도 합니다. 우주에 존재하는 에너지와 주파수와 일치시켰을 땐 앞에서 배운 공명 현상 덕분에 막대한 에너지를 생성할 수 있죠. 그리고 그 에너지를 현실로 만들 수 있다는 근거가 이중 슬릿 실험입니다. 에너지를 물질로, 물질을 에너지로 바뀔 수 있다는 원리만 이해하면 끌어당김 법칙을 좀 더 잘 이해할 수 있습니다. 하지만 이

중 슬릿 실험은 관찰자 의도에 따라 현실이 바뀌는 부분은 설명 못한다는 한계가 있습니다. '전자가 줄 모양이 아니라 별 모양으로 표시됐으면 좋겠어'라고 속으로 생각해도 전자는 줄 모양으로만 나타나죠. 그 부분을 이해하려면 '양자 얽힘'을 알아야 합니다. 이 부분은 뒤에서 더 자세히 배울 예정이니까 참고해 주세요.

핵물리학자 짐 알칼릴리는 원자 특성과 관련해 다음과 같은 말을 남겼습니다. "원자는 측정할 때만 특정한 장소에 나타난다. 원자는 의식적인 관찰자가 보기 전까지는 사방에 퍼져 있다. 측정이나 관찰이 전 우주를 창조한다. 즉, 우리가 관찰하지 않으면 사물은 존재하지 않는다." 이 말을 그대로 이해하면 당신이 지금 보고 있는 것이 당신이 얻을 결과입니다. 에너지였던 파동이 관찰자가 존재함으로써 입자로 바뀌는 이중 슬릿 실험처럼 당신이 원하는 모습을 보면 에너지로만 존재했던 가능성이 현실(물질)로 바뀝니다. 이게 핵심입니다.

성공과 관련 있는 콘텐츠를 많이 보는 사람이 성공할 수밖에 없는 이유가 여기에 있습니다. 그래서 이 책 내용을 이해할수록 성공 확률이 높아진다는 말이 사실인 겁니다. 성공한 사람인 저를 당신이 보고, 제가 당신을 보면 우리는 같은 주파수를 만들어 더 강력한 에너지 파동을 만듭니다. 작은 바람에 다리가 무너진 것처럼 말이죠. 그런 바람을 제가 영상을 통해 보내고 있으니 당신은 주기적으로 확인해 그 기운을 받아 현실에서 이용하면 됩니다. 그럼 어느새 저와 같은 위치에 당신이 서있을 겁니다.

또한, 양자역학 세계에서는 관찰자가 행동을 하지 않고, 인식이나 의식만으로 사건의 물리적인 결과에 영향을 미칩니다. 어떻게 생각하느냐에 따라 현실이 크게 달라지죠. 지금 당장 생각을 볼 수 없다고 해서 중요성을 모르는 사람이 많은데 결국 모든 건 상상과 생각에서 시작됩니다. 우리가 얻을 결과 역시 상상력이 결정하죠. '떠올릴 수 없으면 얻을 수 없다'는 말을 꼭 기억하길 바랍니다. 지금까지 양자물리학과 생각이 현실에 어떤 영향을 미치는지 큰 틀로 알아봤습니다. 뒤에서는 앞에 언급한 내용들을 좀 더 상세히 살펴보며 당신의 삶을 실제로 바꿔 놓을게요.

무한 지성을 활용하면 인생이 쉬워진다

우주가 어떻게 탄생됐는지 알고 있나요? 네, 맞습니다. 빅뱅이라는 큰 폭발로 인해 우주가 탄생했죠. 그럼 이 우주가 탄생하기 전에 무엇이 존재했을까요?

우리가 빛이 있다고 느낄 수 있는 건 어둠이 있기 때문입니다. 즉, 어떤 존재를 알려면 존재하지 않는 반대 상태가 있어야 해요. 그 반대도 마찬가지죠. 빅뱅 전에는 아무것도 없는 무의 상태였습니다. 그때 존재하는 유일한 한 가지는 무한 지성이었죠.

무한 지성은 모든 것을 이루고 있고, 모든 것을 창조한 무한하고 완벽한 힘을 의미합니다. 무한한 에너지인데 그 에너지에 지성이 있어서 모든 걸 만들어 냈다고 생각한다면 이해하기 쉽습니다. 만물의 창조주인 무한 지성은 신, 우주, 하느님과 같은 다양한 이름으로 불리지만 본질은 하나입니다. 무한 지성은 자신의 존재를 경험하기 위해 세상을 창조해 냅니다. 각자 창조물에 자신의 특성을 부여해 자신을 경험하려고 하는 거죠.

당신이나 저나 모두 무한 지성의 창조물입니다. 완전한 무의 상태에 있던 공간에 생명체를 만든 절대적인 존재가 있을 거고, 그 존재의 특성을 가장 잘 반영한 게 인간입니다. 다른 생명체와 달리 인간은 '창조' 활동을 할 수 있기 때문이죠. 무에서 유를 만들어 내는 능력을 신에게 받은 겁니다. 그런 이유에서 목욕을 하다가 떠올린 좋은 아이디어가 세상을 바꾸기도 했죠.

이런 우리는 홀로그램적인 특성을 지닙니다. 홀로그램은 실물과 똑같이 입체적으로 보이는 영상을 만드는 입체 기술을 의미합니다. 현실과 똑같은 3D 영상을 만들어 내는 거라고 이해하면 됩니다.

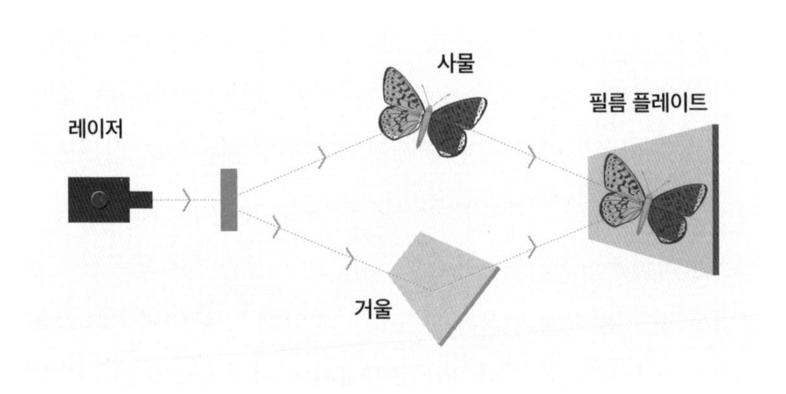

〈홀로그램의 특성〉

당신은 두 개의 자아를 지니고 있습니다. 현실을 살아가는 나와 그걸 바라보는 내가 주인공이죠. 세상을 바라보는 자아와 그걸 바라보는 자아에 신이 지닌 에너지를 비추면 우리가 경험하는 현실이 탄생합니다. 피사체와 거울에 빛을 쏘면 3D 영상이 만들어지는 것과 같은 원리죠. 철학자 플라톤이 우리가 보는 현실은 허구라고 주장한 사실을 떠올려보면 대단한 통찰력을 지녔음을 알 수 있습니다. 현실은 3D 영상처럼 진짜가 아닙니다.

홀로그램을 만들어 내는 필름을 아무리 작게 잘라도 빛을 비추면 전체 이미지를 만들어 냅니다. 하나의 필름을 두 개로 잘라도 같은 3D 영상을 만들어 내는 거죠. 해당 특성과 같이 사람에게도 의식이라는 빛을 비추면 신이 지닌 에너지를 사용할 수 있습니다. 거짓말 같다고요? 사람들이 신이라고 부르는 예수님과 부처님은 모두 인간이었습니다. 그들은 무한 지성의 존재를 깨닫고, 세상을 바꾸죠. 예수님은 절대적인 힘을 하느님이라고 정의했고, 부처님은 텅 비어 있지만 큰 에너지로 가득 찬 무한 지성을 공사상으로 승화시켰어요. 그래서 기독교는 절대적인 힘에 대한 믿음을 강조하고, 불교에서는 깨달음의 중요성을 말하죠. 본질은 같습니다. 절대적인 힘이 당신 안에 내재돼 있다는 거죠. 이렇게 만들어진 생명체는 자신만의 세상을 창조해 낼 힘을 갖습니다. 그런 창조 활동을 통해 자신을 이해해 나가죠. 무한 지성이 창조를 통해 자신을 알아가려고 하는 원리와 같습니다.

이런 이유로 인해 현대인들이 불행한 겁니다. 평범한 한국인의 삶을 살펴보면 20살 때까지는 좋은 대학에 가기 위해 대다수의 시간을 공부에 투자합니다. 왜 공부해야 하는지는 모르지만, 대학에 가야 인생이 바뀐다는 부모님의 말만 믿고, 무작정 노력하죠. 출제자 의도를 파악하고, 타인이 원하는 답을 가장 잘 찾는 사람들은 일류 대학에 입학합니다. 학과보다는 대학 이름을 중요시한 학생들은 대학 입학 후 방황하기 시작합니다.

갑자기 자유가 생기니까 적응을 못하는 거죠. 대학에 가면 끝날 줄 알았는데 새로운 출발선에 서게 됩니다. 학창 시절에는 좋은 대학이라는 명확한 목표가 있었지만, 대학생이 된 후에는 선택할 수 있는 요인이 너무 많아집니다. 대다수가 자신에 관한 이해도가 낮기에 무작정 스펙 쌓기에 열중합니다. 그리고 각자 상황에 맞춰 직장에 취직하죠. 직장에서도 연봉이나 근무 조건을 보고 선택했기에 일을 기계적으로 합니다.

월요병이라는 말이 유행하는 걸 보면 얼마나 많은 사람이 하기 싫어하는 일을 하는지 알 수 있습니다. 인간은 창조라는 행위를 통해 자신의 가치를 입증하는 존재인데 타인의 도구가 돼서 수동적으로 살아가니까 삶이 불행한 겁니다. 이런 삶에서 벗어나려면 결국 자신을 이해하고 창조 행위를 해야 하는 거죠. 글을 쓰는 작가나 콘텐츠 크리에이터들이 시간이 지날수록 크게 성공하는 사례가 증가하는 걸 보면 얼마나 창조 행위가 중요한지 알 수 있을 거예요.

이번 글을 봤다면 이제부터라도 내 안에 내재된 신의 존재와 힘을 믿고, 자신이 원하는 방식으로 창조 행위를 해보길 바랍니다. 글쓰기도 괜찮습니다. 영상을 제작해도 좋습니다. 시를 써도 좋고, 영상을 만들어도 괜찮습니다. 중요한 건 본인이 좋아하는 방식으로 무언가를 창조해 내는 행위 그 자체입니다. 이런 행위를 반복하다 보면 스스로에 대한 이해도가 높아질 거고, 그럼 자연스레 자신의 강점을 토대로 나만의 사업을 시작하게 됩니다.

그렇게 저는 월 1,000만 원 넘게 버는 작가로 변모했죠. 처음부터 대단한 사업가가 될 거라고 꿈꾸지 않았습니다. 그냥 제가 지금 당장 할 수 있는 글쓰기에 집중했죠. 글을 쓰고, 간절히 바라다 보니까 방향성이 보이더군요. 인생에 목표가 명확해지자 행동을 옮기는 건 생각보다 쉬웠습니다. 창조 행위를 반복할수록 빠르게 성장했고, 이 자리까지 올 수 있었습니다.

당신도 타인이 시키는 일만 하는 수동적인 삶에서 벗어나 당신 스스로를 찾아보길 바랍니다. 창조가 성공을 결정합니다.

시각화는
이것만 알면
끝난다

이 글을 끝까지 읽고 나면 시각화로 인생을 바꿀 수 있을 겁니다. 시각화를 이해하려면 양자역학을 살펴보는 게 중요합니다. 우리가 일반적으로 믿어온 근현대적인 물리학과는 전혀 다르기 때문입니다. 그 차이를 살펴보기 위해 근현대 물리학이 어떤 건지 알아볼게요. 근현대 물리학 세계에서는 모든 것이 예측 가능하고 질서정연했습니다. 아이작 뉴턴과 같은 과학자들은 물체가 어떻게 움직이고 상호작용하는지 설명하는 법칙을 세웠습니다. 이 법칙은 떨어지는 사과의 궤적이나 행성의 궤도를 매우 정확하게 예측했죠. 이러한 토대 위에 세워진 현대 과학은 기술, 의학, 공학 분야에서 놀라운 발전을 가져왔고 우리가 경험하고 있는 세상을 만들었습니다.

과학자들이 원자나 그보다 작은 입자들의 세계를 연구하다 보니, 기존의 물리학으로는 설명할 수 없는 이상한 현상들이 나타나기 시작했어요. 우리가 일상적으로 보는 세상과는 전혀 다른 규칙이 작용하는 것처럼 보였죠.

우리가 눈으로 볼 수 없다고 해서 존재하지 않는 건 아니에요. 예를 들어, 박테리아 같은 미생물은 너무 작아서 눈으로는 볼 수 없지만, 실제로 존재하고 사람에게 다양한 영향을 미칩니다. 과학자들은 현미경 같은 도구를 통해 이 작은 생물들을 발견할 수 있었어요. 그런데 이런 미생물들이 사는 세계는 우리가 사는 세계와 다르게 작동했어요.

이와 비슷하게, 원자나 작은 입자들도 우리 눈에는 보이지 않지만, 과학자들이 연구를 통해 그들이 존재하고, 우리가 이해하기 어려운 방식으로 움직인다는 것을 알아냈죠. 이 새로운 발견들은 기존의 물리학으로 설명할 수 없어서, 20세기 초에 새로운 과학 분야인 양자역학이 탄생하게 된 거예요. 닐스 보어Niels Henrik David Bohr, 덴마크 물리학자와 베르너 하이젠베르크Werner Karl Heisengerg, 독일 물리학자 같은 과학자들이 실험을 통해 이 양자역학의 개념을 증명하면서, 우리가 알고 있는 물리학의 한계를 뛰어넘는 새로운 세계를 열어준 거죠.

양자역학에서는 전자와 같은 작은 입자들이 관찰되기 전까지는 정확한 위치를 가지지 않는다고 해요. 대신, 이들은 확률로만 존재하며, 마치 파동처럼 여러 곳에 퍼져 있는 상태로 설명됩니다. 즉,

우리가 그 입자를 관찰하느냐에 따라 결과가 달라진다는 의미죠.

이것을 보여주는 유명한 실험이 바로 이중 슬릿 실험이에요. 이 실험에서 입자는 파동처럼 행동해서 스스로 간섭을 일으킬 수 있지만, 누군가가 그것을 관찰하면 갑자기 입자처럼 행동해요. 이 실험을 통해 양자역학의 독특한 특성을 이해할 수 있어요.

이제 이 개념을 일상적인 삶에 어떻게 적용할 수 있을지 생각해 봅시다. 많은 운동선수, 배우, 사업가들이 시각화라는 방법을 사용해왔어요. 시각화란, 자신이 목표를 이루는 모습을 머릿속으로 생생하게 그려보는 것을 말해요. 양자역학에서 입자가 높은 장벽을 넘는 현상을 '양자 터널링'이라고 부르는데, 이건 전통적인 물리학으로는 설명하기 어려운 일이에요. 마찬가지로, 시각화도 우리가 생각하는 한계를 뛰어넘어 목표를 이루는 데 도움을 줄 수 있어요.

예를 들어, 높은 벽을 넘어야 하는 상황을 상상해 보세요. 고전 물리학에서는 이 벽이 너무 높아 넘을 수 없다고 할 거예요. 하지만 양자 세계에서는 입자가 이 벽을 뛰어넘을 수 있다고 말하죠. 시각화는 이런 양자 터널링과 비슷한 역할을 합니다. 우리가 목표를 시각화하면, 현실의 한계에 얽매이지 않고, 불가능해 보이는 상황을 해결하는 새로운 방법을 찾게 되는 거예요.

즉, 시각화를 통해 우리는 마치 입자가 장벽을 넘는 것처럼, 상상을 현실로 만들 수 있다는 뜻이에요.

이제, 시각화가 어떻게 불가능을 가능으로 만드는지 설명하겠습니다. 시각화가 효과를 발휘하는 이유는 뇌의 작동 방식과 깊은 관련이 있습니다. 우리가 어떤 것을 시각화할 때, 뇌는 그 경험을 실제로 하는 것처럼 반응합니다. 연구에 따르면, 운동선수가 특정 동작을 시각화하면 실제로 그 동작을 수행할 때 동일한 뇌 영역이 활성화됩니다. 이처럼 시각화는 뇌를 훈련시키고, 실제 상황에서 더 나은 수행을 가능하게 합니다.

또한, 시각화는 뇌가 새로운 가능성을 탐색하도록 돕습니다. 우리의 뇌는 종종 익숙한 패턴과 경험에 따라 문제를 해결하려고 합니다. 하지만 시각화는 뇌가 기존의 한계를 넘어 새로운 해결책을 발견하게 만듭니다. 이는 마치 양자 터널링처럼, 불가능해 보이는 장벽을 넘어가는 정신적인 통로를 만드는 것입니다. 시각화는 개인의 자기 효능감도 증가시킵니다. 자기 효능감은 특정 과제를 성공적으로 수행할 수 있다는 자기 능력에 대한 믿음입니다. 시각화를 통해 목표를 구체적으로 상상하고, 그것을 이루는 과정을 반복하면, 자신감이 생기고 목표 달성에 대한 믿음이 강화됩니다. 이는 행동의 동기부여를 높이고, 실제로 목표를 이루는 데 큰 도움이 됩니다.

시각화는 스트레스를 줄이고 집중력을 향상시키는 데도 좋은 효과가 있습니다. 명상과 유사한 방법으로, 시각화는 마음을 안정시키고 명확하게 집중하도록 돕습니다. 이는 어려운 상황에서도 차분하게 문제를 해결할 수 있도록 도와주며, 목표 달성에 더 효과적으로 접근할 수 있게 합니다. 이런 시각화를 잘 활용한 대표적인 사람이 니콜라 테슬라Nikola Tesla, 미국 전기공학자이자 발명가입니다.

그는 상상력이 풍부한 발명가였으며, 발명품을 실제로 만들기 전에 복잡하고 세부적으로 시각화하는 능력을 갖고 있었습니다. 테슬라는 자신이 발명하고자 하는 기계의 모든 부품과 작동 방식을 상세히 시각화하고, 상상 속에서 여러 번 테스트하며 개선해 나갔습니다. 이 과정에서 그는 실제로 기계를 만들기 전에 잠재적인 문제를 해결하고, 최적화된 디자인을 완성할 수 있었습니다. 그의 상상력과 시각화 능력 덕분에 혁신적인 발명품이 탄생했죠.

해당 사례처럼 시각화는 새로운 가능성과 연결하는 통로를 만들어줍니다. 자세한 방법은 뒤에서 한 번 더 다룰 거니까 참고해 주세요. 이번 글에서는 시각화가 실제로 효과가 있고, 생각보다 삶을 큰 폭으로 바꿀 수 있다는 점을 이해하는 게 중요합니다. 시각화가 허구라고 믿고 있다면 뒤에 나올 내용을 배워도 큰 효과가 없기에 자세하게 원리를 설명했습니다. 시각화로 인생을 바꾼 사례가 궁금한 분들은 론다 번의 《The Secret 시크릿》이라는 책을 읽어보세요. 미래에 원하는 모습을 상상한다는 단순한 행위가 성공에 얼마나 큰 영향을 미치는지 이해할 수 있을 겁니다.

저 역시 지방대 다니던 평범한 학생이었는데 지금은 수많은 사람 앞에서 강연을 합니다. 믿고, 안 믿고는 개인의 자유입니다. 하지만 이걸 믿는 순간 그 어떤 일도 해낼 수 있음을 깨달을 거예요. 그럼, 이제 시각화 심화 단계인 끌어당김 법칙에 관해 알아보겠습니다.

끌어당김 법칙이 실존함을 증명하는 과학적인 증거

우리는 천천히 끌어당김 법칙에 대해 이해도를 높여 나가고 있습니다. 지금까지 제 말을 이해했다면 끌어당김 법칙이 단순히 시각화만 하는 기술이 아니라는 사실을 깨달았을 거예요.

이번에는 끌어당김 대상과 강도에 대해 설명하려고 합니다. 이 글을 끝까지 보면 10억 원을 끌어당기는 것과 10만 원을 끌어당기는데 같은 노력이 필요하다는 놀라운 사실을 깨닫게 될 겁니다. 그게 가능한 이유를 알려면 우리 스스로가 에너지임을 깨달아야 합니다.

끌어당김 법칙에 대해 천천히 알아가면서, 이제 당신은 이 법칙이 단순히 머릿속으로 상상하는 것 이상임을 이해할 거예요. 끌어당김 법칙은 단순히 목표를 시각화하는 기술이 아닙니다. 이번에는 목표의 크기와 끌어당기는 힘에 대해 설명하겠습니다.

앞에서 10억 원을 끌어당기는 것과 10만 원을 끌어당기는데 같은 노력이 든다고 말했습니다. 그게 어떻게 가능할까요? 그 이유는 우리 모두가 에너지로 이루어져 있기 때문이에요.

즉, 우리가 어떤 목표를 설정하든, 그 목표의 크기에 상관없이 같은 에너지를 사용할 수 있다는 거죠. 10억 원이나 10만 원을 끌어당기는 데 필요한 에너지는 다르지 않아요. 중요한 건, 우리가 그 목표에 얼마나 집중하고, 그것을 진정으로 믿느냐입니다.

이렇게 생각하면, 끌어당김 법칙은 단순히 '시각화'가 아니라, 에너지와 집중의 법칙임을 알 수 있습니다. 우리의 생각과 에너지가 목표에 맞춰지면, 그 목표를 이룰 수 있는 힘이 생기는 거죠.

무슨 황당한 소리냐고요? 이제부터 제가 그 이유를 알려드릴게요. 지금부터는 우리 세상을 점점 더 축소해 나가면서 살펴볼 거예요. 첫 번째 단계는 분자 수준입니다. 당신이 주변에서 눈으로 볼 수 있는 건 보통 분자들입니다. 분자는 원자들의 합을 말하는데요. 원자는 화학 원소 특성을 잃지 않는 범위에서 도달할 수 있는 물질의 최소 입자 상태를 말합니다. 당신 몸을 계속 확대해 보면 결국 원자가 보입니다. 물론 더 확대하면 쿼크와 같은 더 작은 요인이 나오겠지만, 화학 원소 특성을 잃게 되므로 원자를 최소 단위라고 정의합니다.

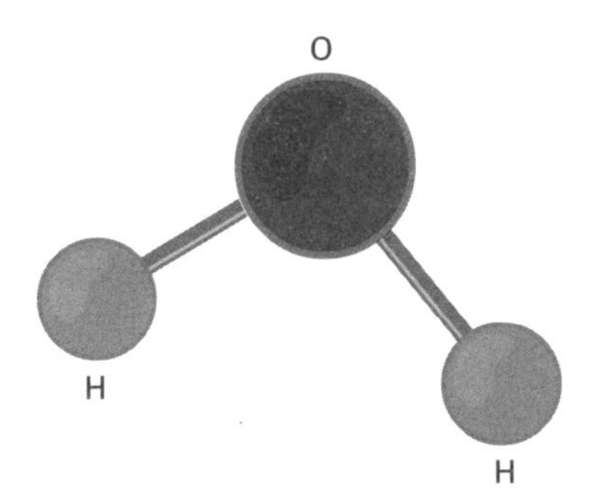

물(H_2O) = 수소 2개 + 산소 1개

예를 들어 물은 두 개의 수소와 한 개의 산소 원소로 이뤄져 있습니다. 그래서 H_2O라고 보통 말하죠. 이 분자를 나누면 원소가 탄생합니다. 원소와 원자 차이도 알면 좋은데요. 복잡한 설명은 다 빼고 원소는 물질 종류, 원자는 물질 개수라고 생각하면 쉽습니다. 과일 바구니 안에 사과가 다섯 개 귤이 다섯 개 들어 있다면 두 종류의 원소와 열 개의 원자로 이뤄졌다는 개념인 거죠. 이 분자를 작게 나눠보면 원소가 등장합니다.

지금까지 우리에게 알려진 원소는 총 118개입니다. 그래서 주기율표를 살펴보면 118개 원소가 등장합니다. 원소 종류는 원자를 이루고 있는 양자의 개수에 따라 달라집니다. 이전에 알려드린 내용을 복습해 볼게요. 원자는 원자핵과 전자로 이뤄져 있어요. 원자핵은 중성자와 양성자로 구성됩니다. 이 원자핵 안에 있는 양성자 개수가 원소 종류를 결정한다는 거죠. 주기율표를 다시 가져

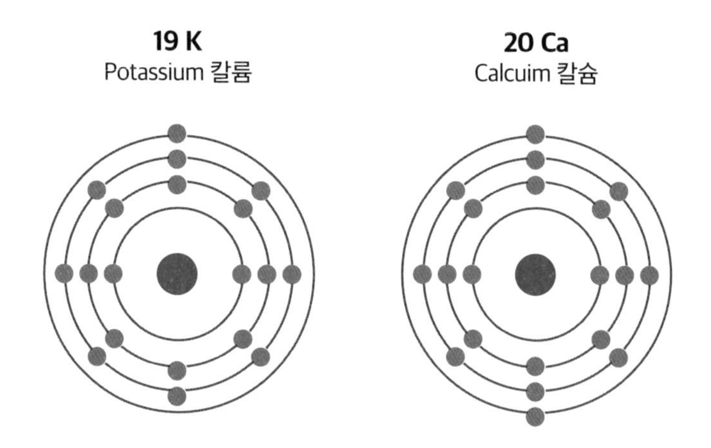

〈칼륨과 칼슘 양성자의 개수 차이〉

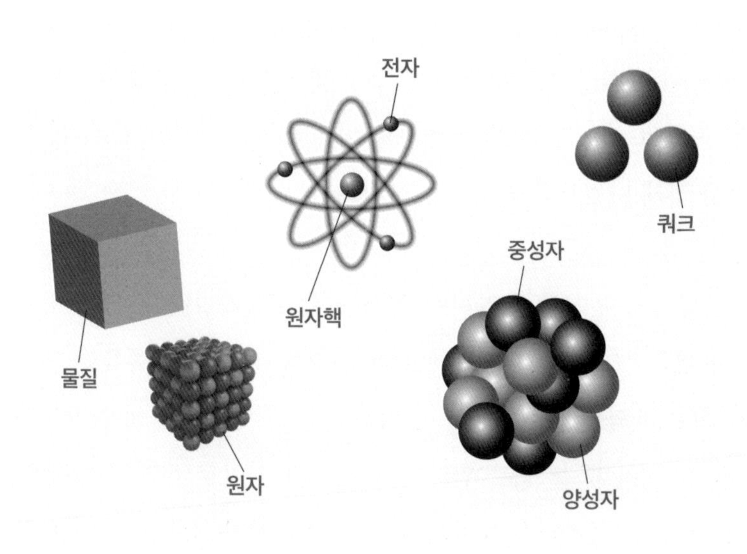

〈물질을 구성하는 입자〉

와서 살펴보면 양성자 개수가 19개가 있으면 칼륨이라는 사실을 알 수 있습니다. 이런 원자 구성 요소는 양성자 개수만 다를 뿐이지 근본적으로 같다는 사실을 이해할 수 있을 거예요.

즉, 당신이나 저나 컵이나 강아지나 모두 양성자, 중성자, 전자로 이뤄진 존재입니다. 여기서 좀 더 깊게 내려가 볼게요. 원자를 나누면 '쿼크'라는 개념이 나옵니다. 쿼크는 양성자와 중성자를 구성하는 요소입니다. 이 쿼크는 한 곳에 고정되어 있지 않습니다. 관측자 유무에 따라 질량과 특성이 바뀌기도 하고, 위치도 무작위로 이동합니다. 즉, 쿼크는 에너지입니다. '$E = MC^2$'이라는 공식을 들어봤을 거예요. 에너지는 질량으로 이뤄져 있다는 의미입니다.

아인슈타인의 $E=MC^2$는 간단히 말하면 '물건이 에너지로 바

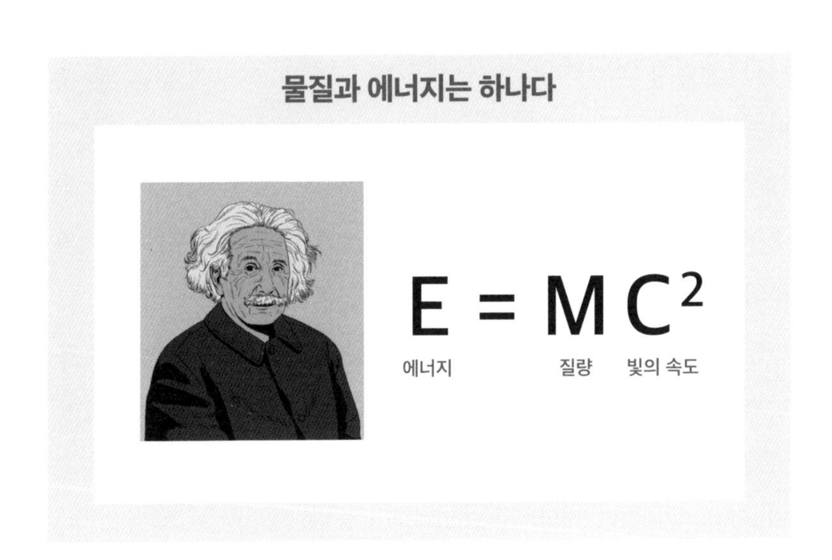

뀔 수 있다'는 뜻이에요. 이걸 쉽게 이해하려면 불꽃놀이를 떠올려 보세요. 폭죽은 무게가 있는 물건이죠? 우리가 폭죽에 불을 붙이면 폭죽이 터지면서 불꽃이 생기고, 빛과 열이 나옵니다. 여기서 중요한 점은, 폭죽이 터지면서 그 물건의 일부가 빛과 열 같은 에너지로 변했다는 거예요. 이 공식은 물건(질량)이 에너지로 바뀔 수 있다는 걸 알려줍니다.

즉, 우리가 폭죽을 태우면 그 물건이 에너지로 바뀌어 불꽃이 되는 거죠. 쉽게 말해, 물건이 사라지지 않고 다른 형태로 바뀔 수 있다는 걸 보여주는 공식이에요.

이제, 왜 우리가 에너지로서 다른 에너지, 즉 돈을 끌어당길 수 있는지 살펴보겠습니다. 여기서 중요한 것은 우리가 에너지를 어떻게 사용하느냐입니다. 모든 것은 에너지이기 때문에, 에너지는 항상 진동하고 있습니다. 이 진동은 특정한 주파수를 가지고 있습니다. 우리가 어떤 목표를 시각화하고 그것을 강하게 원할 때, 우리의 에너지도 그 목표와 같은 주파수로 진동하기 시작합니다. 이는 라디오 주파수를 맞추는 것과 비슷합니다. 주파수를 맞추면 특정 라디오 방송을 들을 수 있는 것처럼, 우리가 원하는 에너지와 주파수를 맞추면 그 에너지를 끌어당길 수 있습니다.

끌어당김 법칙에서 중요한 것은 우리의 믿음과 집중입니다. 우리가 어떤 것을 강하게 믿고, 그것을 끌어당기기 위해 집중하면, 그것이 현실로 나타날 가능성이 커집니다. 믿음이 흔들리는 순간 에너지 진동 수도 바뀌기 시작하죠.

금액의 크기는 우리가 그것에 부여하는 의미에 따라 다를 뿐입니다. 자연에서는 10만 원과 100억 원이라는 개념이 중요하지 않습니다. 주기율표에서 79번인 금과 80번인 수은은 양성자가 하나 차이 날 뿐입니다. 하지만 우리는 금은 귀하고 수은은 그렇지 않다고 생각합니다. 이것도 인간이 만든 개념입니다. 우리가 운전하다가 라디오 주파수를 맞춘다고 생각해 보세요. 92.1MHz와 100.2MHz 중 어느 주파수를 맞추기가 더 어렵나요? 둘 다 똑같이 쉽습니다. 이는 끌어당김 법칙의 핵심입니다. 금액의 차이는 주파수의 차이처럼, 끌어당기는 강도에는 차이가 없습니다.

우리의 생각과 감정은 특정한 주파수로 진동하는 에너지입니다. 우리가 어떤 목표를 시각화하고 그것을 강하게 원할 때, 우리의 에너지도 그 목표와 같은 주파수로 진동하기 시작합니다. 이는 라디오 주파수를 맞추는 것과 비슷합니다. 주파수를 맞추면 특정 라디오 방송을 들을 수 있는 것처럼, 우리가 원하는 에너지와 주파수를 맞추면 그 에너지를 끌어당길 수 있습니다. 이렇게 보면, 우리가 에너지로서 다른 에너지를 끌어당기는 원리는 매우 단순합니다. 우리는 에너지 덩어리로서, 우리의 생각과 감정을 통해 다른 에너지를 끌어당길 수 있습니다.

중요한 것은 우리의 믿음과 집중입니다. 당신도 자신의 목표를 시각화하고, 그 목표와 주파수를 맞춰보세요. 에너지가 어떻게 당신의 삶을 변화시킬 수 있는지 경험해 보길 바랍니다.

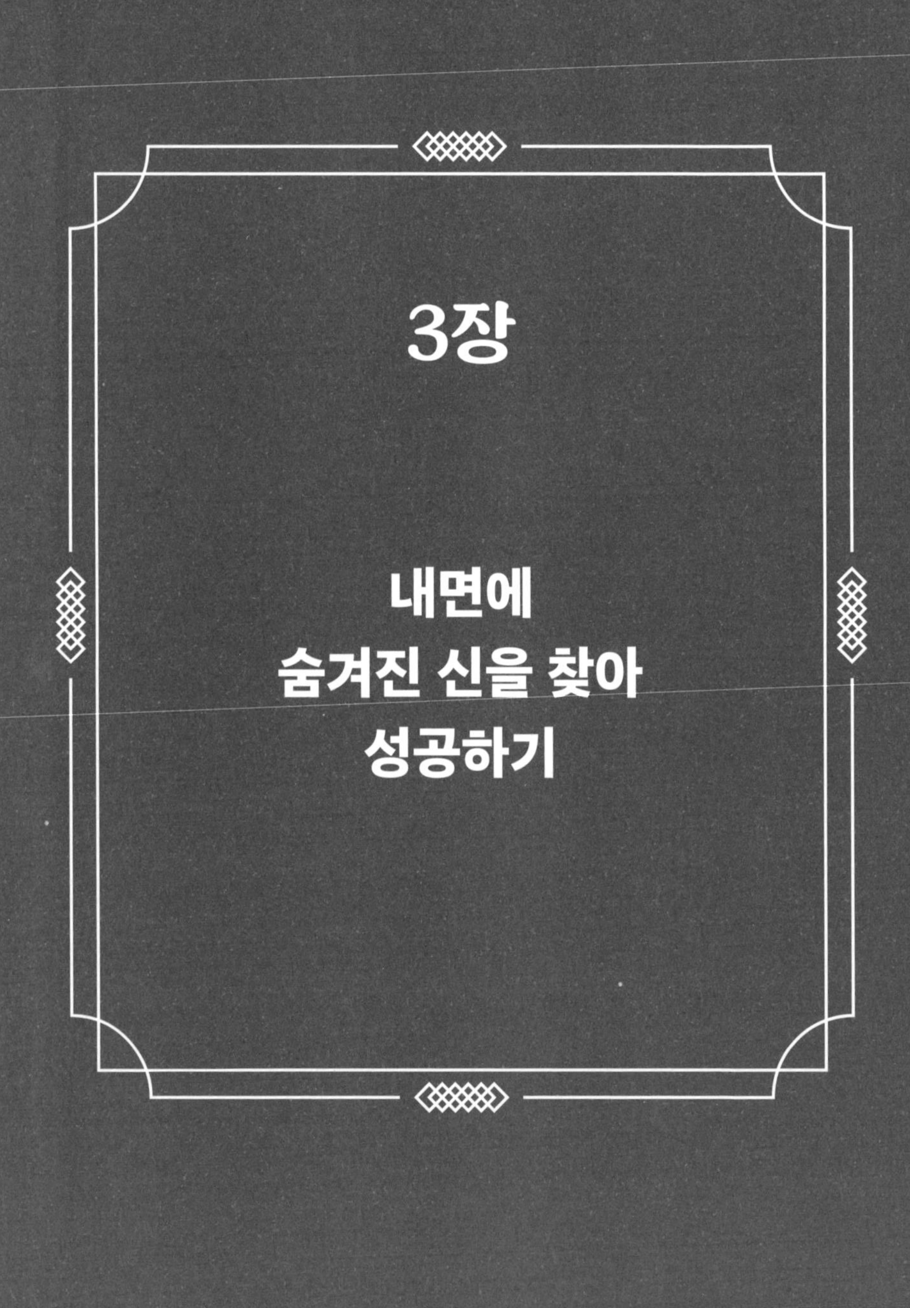

3장

내면에 숨겨진 신을 찾아 성공하기

신은 존재할까?

이런 주제를 논하는 일 자체를 불쾌하게 생각하는 사람들도 있습니다. 하지만 신이 존재하는지 논하고, 그 신이 어떤 존재인지 고찰해봐야 우리가 절대적인 힘을 지니고 있음을 이해할 수 있습니다. 그럼 일단 신이 존재하는지 유무부터 알아보겠습니다.

결론부터 말하자면 신은 존재합니다. 그 이유를 알려면 '유'와 '무' 개념을 이해해야 합니다. 빛이 존재하는 이유는 어둠이 있기 때문입니다. 어둠이라는 존재가 없었다면 빛이라는 개념 자체가 없었겠죠. 따뜻함과 차가움, 착함과 악함, 행복과 불행 모두 서로 상반되는 존재가 있기에 각자 존재에 대한 의미가 생깁니다. 불행한 상태는 없고, 행복하기만 할 수 없는 이유기도 하죠.

세상도 마찬가지입니다. 빅뱅 이전에는 세상이라는 개념도 없었고, 존재하지 않았습니다. 그냥 공허했죠. 시간과 공간조차 없는 텅 빈 공간이었습니다. 그러다 어떤 에너지에 의해 빅뱅이 발생했고, 우주에 존재하는 각종 물질들이 만들어지기 시작합니다. 무에서 유가 창조된 순간이 바로 빅뱅입니다. 아무것도 없었던 공간 안에서 새로운 물질이 생긴 순간만 봐도 신이 존재한다는 걸 알 수 있습니다. 텅 빈 세상에서 아무런 원인 없이 그런 큰 폭발이 일어났다는 건 그런 큰 힘을 발휘할 수 있는 절대적인 존재가 있었기 때문입니다.

화장실에서 물을 트는 상황을 생각해 볼게요. 직접 다가가서 수도꼭지를 돌리지 않는 이상 물은 단 한 방울도 나오지 않습니다. 그런 상황에서 당신의 의지로 수도꼭지를 돌린다면 물이 나오기 시작합니다. 어떤 힘이 원인으로 존재해야 특정한 결과가 나온다는 걸 알 수 있어요. 우주 역시 마찬가지입니다. 우주가 탄생하려면 결국 특정한 힘이 있어야 하는데, 그걸 발휘할 수 있는 의지가 있는 존재가 있다는 사실을 알 수 있죠. 그 존재가 바로 신입니다. 종교마다 신을 부르는 호칭은 다르지만 결국에는 절대적이고, 유일한 존재가 있다는 사실을 알 수 있습니다.

기독교 성서인 창세기 1장 1절을 보면 "태초에 하나님이 천지를 창조하시느라."라는 말이 나옵니다. 또한, "하나님이 이르시되 빛이 있으라 하시니 빛이 있었고 빛이 하나님이 보시기에 좋았더라. 하나님이 빛과 어둠을 나누사 하나님이 빛을 낮이라 부르시고 어둠을 밤이라 부르시니라. 저녁이 되고 아침이 되니 이는 첫째 날이니라."(창세기 1:3~5)라는 문구가 나오죠. 놀랍게도 성서에는 빅뱅을 과학적으로 설명하기도 전에 관련 내용이 나옵니다. 불교에서는 우주의 탄생과 존재를 인과법因果法이라는 근본 원리를 통해 설명합니다. 밤이 오면 낮이 반드시 오고, 낮이 오면 밤이 반드시 오듯이 하나가 생기면 다른 반대 하나가 똑같이 생깁니다. 인과법은 이렇게 모든 현상이 원인과 조건이 모여 발생하며, 그 결과가 다시 다른 원인과 조건을 만들어 내는 끊임없는 과정을 말합니다. 이 원리는 불교 전반에 걸쳐 인간의 고통과 깨달음, 그리고 윤회의 개념에까지 적용되지만, 우주의 생성에 대해서도 동일하게 적용됩니다. 즉, 어떤 원인이 있어야 결과가 있는데 우주 탄생에도 원인이 있음을 말하죠.

그럼 이제 인간이 신을 모방한 존재라는 사실에 대해서도 알아보겠습니다. 기독교 성경, 특히 구약의 창세기 1장 26~27절에는 "하나님이 이르시되, 우리의 형상을 따라 우리의 모양대로 사람을 만들고…."라고 기록되어 있습니다. 이는 인간이 신의 형상(모양, 성품)을 반영하여 창조되었다는 의미로 해석됩니다. 따라서 인간은 신의 창조적 능력, 도덕적 성품, 관계의 본질 등을 모방하고 반영하는 존재로 간주합니다. 신을 모방한 인간의 특성은 다음과 같은 세 가지입니다.

1. 창조성: 신은 우주와 인간을 창조하신 창조주 역할을 합니다. 인간 또한 창의력을 발휘하여 예술, 과학, 문학 등 다양한 방법으

로 새로운 것을 창조하고, 이를 통해 신의 창조성을 모방합니다.

2. 도덕성: 신은 완전한 도덕적 존재로서 정의, 사랑, 자비, 용서 등의 특성을 가지고 있습니다. 인간은 이러한 도덕적 가치를 실천함으로써 신의 도덕성을 반영하고 모방하려고 노력합니다.

3. 관계성: 신은 관계를 중시하는 존재로서, 인간과의 관계뿐만 아니라 인간 상호간의 관계도 중요하게 여깁니다. 인간은 사회적인 존재로서 타인과의 관계를 형성하고 유지함으로써 이러한 신의 관계성을 모방합니다.

우리가 주목해야 하는 부분은 창조성입니다. 성서에 따르면 신이 세상을 만든 것처럼 인간도 자신이 원하는 세상을 만들 힘이 있습니다. 믿지 못하겠다고요? 그럼 책 읽기를 멈추고 주변을 둘러보세요. 컴퓨터부터 자동차까지 모두 누군가의 상상으로 인한 결과물입니다. 고려 시대에 사는 사람을 타임머신을 활용해 현대 시대로 데리고 오면 겁을 먹을 거예요. 고철 덩어리가 하늘을 날고, 말이 아닌 바퀴 달린 쇠가 사람을 나르기 때문이죠. 또한, 검은색 네모난 공간에서 사람 얼굴이 나온다는 걸 보면 경악할 겁니다. 지금 우리가 당연시하는 이 모든 결과물이 처음에는 생각으로만 존재했다는 걸 기억하셔야 해요.

여기까지 읽었다면 당신이 신을 모방한 존재이며, 신과 같이 창조할 힘을 지녔음을 이해했을 거예요. 천재나 엄청나게 특별한 사람만 창조 활동을 할 수 있는 건 아닙니다. 어차피 우리는 모두가 같은 물질로 이뤄진 존재랍니다. 별, 사람, 행성 모두 작게 나눠보면 결국 원자로 이뤄져 있어요. 누군가는 더 특별하고, 더 소중하지 않다는 거예요. 이 사실을 기억하고, 나도 창조할 힘을 가지고 있음을 깨닫는다면 어떤 일이든 해낼 수 있을 겁니다. 당신은 무한한 힘을 가진 존재입니다.

내가
곧 신이다

이번에는 우리가 신과 같다는 사실을 알아보기 위해 좀 더 다양한 차원에서 논의를 진행해보도록 하겠습니다. 인간과 신의 관계는 다양한 문화와 철학에서 중요한 논의 주제였습니다. 이 장에서는 신학적, 철학적, 문화적, 심리학적 관점을 통해 인간이 어떻게 신의 특성을 모방하고 반영하는지를 심층적으로 탐구하고자 합니다. 각 관점은 인간의 신성한 특성을 이해하는 데 독특한 차원을 제공하며, 이를 통해 우리는 인간 본성의 깊이와 다양성을 더욱 풍부하게 이해할 수 있습니다.

먼저 신학적 관점에서 살펴보겠습니다. 기독교에서는 인간이 '하나님의 형상대로' 창조되었다고 합니다. 이는 인간이 신의 창조성, 도덕성, 사랑과 같은 특성을 지니고 있음을 의미합니다. 이를 통해 인간이 어떻게 신의 성품을 지상에서 실천하며 살아가는지를 살펴볼 수 있습니다. 예를 들어, 정의와 평화를 위한 노력이나 창조적 문제 해결 과정에서 이러한 신의 특성이 어떻게 드러나는지를 확인할 수 있습니다. 기독교 신학에서 인간이 신의 형상대로 창조되었다는 개념은 창세기 1장 26~27절(그리고 그가, 바다의 고기와 공중의 새와 땅 위에 사는 온갖 들짐승과 땅 위를 기어다니는 모든 길짐승을 다스리게 하자" 하시고, 하나님이 당신의 형상대로 사람을 창조하셨으니, 곧 하나님의 형상대로 사람을 창조하셨다)에 나옵니다. 이 구절은 하나님이 사람을 자신의 형상대로 창조했다고 명시하고 있으며, 이는 인간이 신과 독특하게 연결되어 있음을 의미합니다. 이 연결은 인간이 신의 창조성, 도덕성, 지혜, 관계성 등의 특성을 반영한 존재임을 나타냅니다.

다음은 철학적 관점입니다. 플라톤과 아리스토텔레스 등 고대 철학자들은 인간의 이성적 능력을 신과 연결 지어 논의했습니다. 이성을 통해 인간은 진리를 인식하고, 도덕적 판단을 내릴 수 있습니다. 이 관점에서는 인간이 어떻게 자신의 이성을 사용하여 더 나은 삶을 추구하는지, 신적 이성을 어떻게 반영하는지를 탐구합니다. 고대 그리스 철학에서는 이성을 통한 지식과 진리 탐구가 중요한 주제였습니다.

특히 플라톤은 이데아론을 통해 가장 완벽하고 변하지 않는 형태의 진리가 존재하며, 이는 인간의 이성을 통해 접근할 수 있다고 보았습니다. 아리스토텔레스 역시 이성을 사용하여 자연 세계의 원리와 법칙을 이해하고, 이를 통해 도덕적이고 의미 있는 삶을 추구해야 한다고 주장했습니다. 이처럼 인간의 이성적 사고는 신의 이성과 연결되어, 신이 창조한 세계의 질서와 법칙을 이해하고 그에 따라 살아가는데 중요한 역할을 합니다.

철학에서 인간의 도덕성은 종종 신적인 원리와 연결됩니다. 인간이 옳고 그름을 판단하고, 정의롭고 도덕적인 행동을 선택하는 능력을 보면 신이 지닌 도덕성을 내면에 보유하고 있음을 알 수 있습니다. 칸트는 이성을 사용하여 도덕 법칙을 이해하고, 이를 기반으로 자율적으로 행동해야 한다고 강조했습니다. 이는 인간이 신의 도덕적 법칙을 이해하고 실천하는 과정에서 신과 유사해질 수 있음을 시사합니다. 실존주의 철학자들은 인간 존재의 의미와 목적을 근본적으로 탐구합니다. 예를 들어, 키에르케고르는 인간이 진정한 자아를 발견하고 신과의 관계 속에서 개인적인 의미를 찾아야 한다고 주장했습니다. 이러한 관점에서, 인간은 신과의 관계를 통해 자신의 실존적 의미를 발견하고, 이를 통해 신과 유사한 존재로 거듭날 수 있습니다.

또한, 철학적 관점에서 '인간이 신과 같다'는 개념은 이성과 도덕성을 통해 신의 법칙과 질서를 이해하고 실천함으로써 구현됩니다. 인간은 자신의 이성적 능력을 사용하여 진리를 탐구하고, 도덕적 판단을 통해 올바른 삶을 추구합니다. 이 과정에서 인간은 신의 특성을 내면화하고 모방함으로써, 신과 유사한 존재로서의 본성을 드러내게 됩니다. 이러한 철학적 탐구는 인간 본성의 깊이를 이해하는 데 중요한 기여를 하며, 우리가 어떻게 더 나은 삶을 추구할 수 있는지에 대한 통찰을 제공합니다. 내가 앞으로 사업을 해야 할지, 직장 생활을 계속해야 할지와 같은 현실적인 질문에 대한 답을 제공하기도 합니다. 회사에서 주어진 일만 하면서 사는 게 아니라 내가 주도적으로 가치를 창조하는 삶이 더 행복한 삶이라는 사실을 알 수 있습니다.

문화적인 관점에서도 알아보겠습니다. 다양한 문화 속에서 신은 매우 인간적인 특성을 지니고 있습니다. 그리스 신화에서 신들은 인간의 감정과 욕망을 경험합니다. 이 관점을 통해, 문화적 이야기와 신화가 어떻게 인간과 신의 유사성을 탐구하는지, 현대 사회에 어떻게 적용될 수 있는지를 살펴볼 수 있습니다. 문화적 관점에서 "인간이 신과 같다"는 주제를 탐구하는 것은 각 문화가 신과 인간의 관계를 어떻게 이해하고 표현하는지 살펴보는 과정을 포함합니다. 여러 문화 속 신화와 전통을 통해 이러한 관계를 구체적으로 분석해 보겠습니다.

1. 그리스 신화

그리스 신화에서 신들은 인간과 매우 유사한 감정, 욕망, 갈등을 경험합니다. 예를 들어, 제우스는 권력과 통제의 욕구, 헤라는 질투와 복수의 감정 등을 보여주며 인간의 복잡한 심리 상태를 반영합니다. 이는 신들이 인간과 유사한 특성을 가지고 있음을 보여주며, 동시에 인간이 신의 삶을 모방하려는 욕구를 확인할 수 있습니다. 신화 속에서 인간은 신들의 행동을 모방하고, 신의 힘을 획득하려는 다양한 시도를 합니다.

2. 인도 신화

인도의 힌두교에서는 신과 인간의 관계가 더욱 밀접하게 표현됩니다. 신들은 여러 아바타(화신)를 통해 인간 세계에 직접 개입하고, 인간의 형태를 취하기도 합니다. 예를 들어, 비슈누 신이 크리슈나라는 인간의 모습으로 지상에 내려와 사람들과 함께 살며 그들에게 지혜를 가르치고 도움을 줍니다. 이러한 신화는 신이 인간의 삶 속에서 직접적인 역할을 하며, 인간과 신의 경계가 모호해질 수 있음을 보여줍니다.

3. 북유럽 신화

북유럽 신화에서도 신과 인간은 밀접한 관계를 맺으며, 신들은 인간의 세계에 직접 개입합니다. 예를 들어, 오딘은 왕후의 수호신으로 지혜가 풍부하고 마법에 뛰어난 주신으로, 그는 지혜를 얻기 위해 자신의 눈 하나를 희생하며 인간에게 중요한 가르침을 주는 역할을 합니다. 이러한 신화는 신이 인간의 삶에 깊숙이 관여하며 인간을 보호하고 가르친다는 점을 강조하고, 인간도 신의 영웅적인 특성을 모방하려는 모습을 보여줍니다.

이러한 문화적 신화들은 인간과 신이 어떻게 서로를 반영하고 영향을 주는지를 보여주는 중요한 자료입니다. 인간은 신의 특성을 모방하려 하며, 신은 인간에게 영감과 가르침을 제공합니다. 또한, 이러한 신화들은 각 문화가 신과 인간의 관계를 어떻게 해석하고 이해하는지에 대한 깊은 통찰을 제공합니다. 이는 해당 문화의 세계관과 가치관을 형성하는데 기여합니다. 각 문화 속 신화와 전설은 인간이 신의 특성을 이해하고 내면화하는 방식을 반영하기도 합니다. 이는 그 문화의 문학, 예술, 종교적 실천에 깊이 영향을 미칩니다.

마지막으로 심리학적 관점입니다. 칼 융의 정신분석학은 인간 내면에 존재하는 신성한 원형을 탐구합니다. 이 내적 신성은 자아실현의 과정에서 중요한 역할을 합니다. 인간이 내면 깊은 곳의 신성을 발견하고 그것을 통해 자신을 완성해 가는 과정을 이해함으로써, 우리는 인간의 신적 특성을 더 깊이 이해할 수 있습니다. 심리학적 관점에서 "인간이 신과 같다"는 주제를 탐구하는 일은 인간의 내면에 존재하는 신성한 특성과 이를 실현하는 과정을 중심으로 이루어집니다. 이러한 접근은 인간의 정체성, 자아실현, 그리고 내면의 성장을 탐구하는 데 초점을 맞춥니다.

칼 융의 분석심리학은 인간의 깊은 내면에 존재하는 '자아Self' 개념을 중요시합니다. 융에 따르면, 자아는 의식과 무의식이 통합된 전체적인 인격을 의미하며, 이는 신적인 완전함을 지향하는 경향을 가집니다. 융은 이 자아를 실현하는 과정을 '개인화individuation'라고 불렀으며, 이는 인간이 자신의 내면에 잠재된 신성을 발견하고 그것을 삶에 통합하는 과정을 의미합니다. 이 과정에서 인간은 자신의 다양한 내면적 요소, 예를 들어 그림자(억압된 성향), 아니마 또는 아니무스(성 대립적 특성), 그리고 자아를 조화롭게 통합하여 더욱 완전한 인격을 형성하게 됩니다.

융은 신의 이미지가 인간의 무의식 속에 깊이 자리 잡고 있다고 보았습니다. 그는 신의 이미지가 인간의 무의식 중 가장 깊은 곳에 있는 원형적 상징 중 하나라고 설명하며, 이는 인간이 경험할 수 있는 가장 깊은 정신적 경험과 연결된다고 봅니다. 따라서 인간이 내면 깊은 곳에 있는 신성을 탐색하고 이해하는 것은 신의 이미지를 통한 자아 발견의 과정이 될 수 있습니다. 명상이나 자기 분석이 중요한 이유입니다.

자아실현은 인간이 잠재력을 최대한 발휘하여 신과 같은 완전한 존재로 거듭나려는 인간의 노력을 반영합니다. 인본주의 심리학자인 에이브러햄 매슬로는 이를 '자기실현self-actualization'이라고 부르며, 이는 사람이 내면에 존재하는 최고의 가능성을 실현하는 과정입니다. 이 과정에서 인간은 자신의 창조성, 도덕성, 자율성 등을 개발하며, 이는 신과 같은 특성을 내면화하고 실천하는 것으로 볼 수 있습니다.

이처럼 각기 다른 학문적 배경을 가진 사람들이 공통으로 우리 안에 신이 있다고 말합니다. 인간이 만든 수많은 예술 작품부터 발명품만 살펴봐도 우리 내면에 신이 존재하고 있음을 알 수 있죠. 지금까지 인간 본성의 다양한 측면을 탐구하고, 인간이 어떻게 신의 특성을 모방하고 반영하는지를 더 깊이 이해하기 위해 여러 관점에서 설명했습니다. 이러한 이해는 우리 내면에 있는 힘을 빠르게 발견하고, 현실에서 활용할 수 있게 큰 도움을 줍니다. 본인 스스로 신이 가진 힘을 보유하고 있음을 알아야 그걸 사용할 방법을 찾기 때문이죠. 지방대 학생이었던 저도 이 사실을 깨닫고 나서 경제적 자유를 얻을 수 있었습니다. 어떤 요인 때문에 안 된다고 원인을 찾기보다는 스스로를 믿고, 지금 당장 할 수 있는 일부터 실행에 옮겨 보길 바랍니다.

홀로그램 우주, 내가 보는 현실은 허상이다

우리가 살고 있는 이 세상이 정말로 현실일까요? 과학자들은 우리가 보고 느끼는 모든 것이 '홀로그램'일 수 있다고 이야기합니다. 이른바 '홀로그램 우주' 이론입니다. 이 이론에 따르면 우리가 사는 세상은 사실 3차원처럼 보이지만, 실제로는 2차원에 저장된 정보가 투영되어 만들어진 일종의 환영입니다. 쉽게 말해, 얇은 영화 필름에 담긴 이미지가 극장 스크린에 비치면서 생동감 넘치는 장면으로 바뀌듯이 현실도 그렇게 만들어진 것일 수 있다는 거죠.

이런 생각은 블랙홀 연구에서 비롯됐습니다. 과학자들은 블랙홀의 경계인 '사건의 지평선'에서 물질과 에너지가 사라지는 대신 모든 정보가 2차원 표면에 기록된다는 사실을 발견했습니다. 마치 블랙홀이 우주의 거대한 클라우드 저장소와 같다고 생각해 보세요. 물질과 에너지가 블랙홀에 빨려 들어가면 그것들은 사라지는 것이 아니라 겉면에 데이터처럼 저장된다는 겁니다. 우리가 스마트폰 사진을 클라우드에 백업하듯이 우주도 정보를 같은 방식으로 저장하고 있다는 거죠. 그런데 과학자들은 여기서 한 걸음 더 나아갔습니다. "이 원리가 블랙홀에만 국한된 것이 아니라, 우주 전체에도 적용될 수 있다면 어떨까?"라는 질문을 던지며 더 큰 그림을 그리기 시작한 겁니다.

과학자들은 우리가 보고, 만지고, 느끼는 모든 것이 사실은 '만질 수 없는 환영'일 수 있다고 생각했습니다. 손을 뻗어 컵을 잡는다고 상상해 보세요. 우리는 그 컵이 단단하고 형태를 가진 실제 물체라고 믿습니다. 하지만 그 컵은 물질로 이뤄져 있지 않습니다. 우리가 컵을 만졌을 때 느끼는 '단단함'은 사실 물질이 아니라 원자들 사이의 전자기력이 만들어 낸 착각일 뿐입니다. 원자들은 서로 가까워지면 전자를 통해 밀어내는 힘을 발생시키는데, 이 힘이 마치 물체가 단단하다고 느껴지게 합니다. 더 흥미로운 점은, 원자 내부를 들여다보면 99.999%가 빈 공간으로 이루어져 있다는 사실입니다. 즉, 우리가 '단단하다'고 믿는 컵은 사실상 빈 공간에 가깝다는 거죠. 쉽게 말하자면, 우리가 컵을 만졌을 때 느끼는 것은 컵의 '본질'이 아니라, 그 컵을 이루는 원자들 간의 힘과 그 힘을 감각으로 느끼는 겁니다. 이런 원리를 보면 물질이라고 믿는 모든 것이 사실은 뇌가 만든 '환영'일 가능성도 충분히 생각해 볼 수 있습니다.

더 쉽게 이해하려면 컴퓨터 화면 속 3D 그래픽을 생각해 보세요. 화면 속 물체는 입체적으로 보이지만, 실제로는 2D 픽셀로 이루어진 평면 이미지입니다. 마찬가지로, 우리가 경험하는 현실도 2차원 정보를 뇌가 3차원처럼 보이도록 해석해 만들어진 결과일 수 있다는 겁니다. 만약 이 이론이 사실이라면, 우리가 '현실'이라고 믿어왔던 모든 개념은 새로운 의미를 가지게 됩니다. 우리가 만지고 느끼는 것이 진짜가 아니라 단순히 데이터와 뇌가 정보를 해석한 결과물이라면 '현실이란 무엇인가?'라는 질문은 근본적으로 다시 쓰여야 합니다.

과학자들은 우리가 사는 세상이 단순히 물리적인 물체들로 이루어진 게 아니라 보이지 않는 정보들이 특별한 방식으로 배열돼 현실을 만들어 낸다고 설명합니다. 우리가 보고 느끼는 모든 것은 보이지 않는 '정보'라는 재료가 특별한 규칙에 따라 생성된 결과라는 겁니다. 생각해 봅시다. 우리가 사과를 본다고 할 때 눈은 사과 자체를 보는 게 아닙니다. 눈이 받아들이는 건 빛의 파장이고, 그 정보가 뇌로 전달됩니다. 뇌는 이 정보를 해석해 사과의 색과 형태를 만들어 냅니다. 즉, 우리가 본다고 믿는 현실은 뇌가 만들어 낸 해석일 뿐입니다. 이처럼 뇌는 단순히 현실을 보는 창문이 아니라 현실을 만들어 내는 도구입니다.

또 다른 사례를 살펴보겠습니다. 가상현실을 떠올려 보세요. VR 기기를 쓰면 눈앞에 펼쳐지는 풍경은 실제가 아닙니다. 그러나 우리는 그 세계를 놀랍도록 실제처럼 느낍니다. 나무가 흔들리고,

캐릭터가 뛰어다니는 장면은 모두 컴퓨터가 만든 코드는 정보로 이뤄져 있습니다. 이 정보가 일정한 규칙에 따라 배열되고 작동하면서 우리가 경험하는 세계를 만들어 냅니다. 홀로그램 우주 이론에 따르면 우리가 사는 이 세상도 그런 원리로 작동할 수 있습니다. 우리가 보는 산과 하늘, 그리고 느끼는 공기의 따뜻함도, 어쩌면 우주의 더 깊은 차원에서 얽힌 정보가 뇌에 투영된 결과일지 모릅니다.

뇌는 정보 해석에 중요한 역할을 합니다. 단순히 정보를 받아들이는 게 아니라 그 정보를 재구성해 우리가 세상을 경험하도록 담습니다. 얼굴에 바람이 불 때 뇌는 감각기관을 통해 들어오는 정보를 분석합니다. 피부는 바람 온도와 속도를 감지하고, 이 신호를 뇌로 보냅니다. 뇌는 이 신호를 조합해 '차갑다'거나 '시원하다'는 느낌으로 바꿉니다. 이런 과정을 통해 우리는 바람 성질을 느끼고 그에 대한 감정을 형성합니다. 얼굴에 닿는 바람조차 뇌가 정보를 처리하고 해석한 뒤에 '차갑다'거나 '시원하다'는 구체적인 느낌으로 다가오는 것입니다. 이렇게 뇌는 세상을 주관적으로 경험할 수 있도록 돕는 핵심 역할을 하고 있습니다.

이제 다시 홀로그램 우주 이론으로 돌아오겠습니다. 이 이론은 우리가 보고 느끼는 현실이 단순한 물리적 실체가 아니라 정보와 뇌의 해석이 얽혀 만들어진 결과라고 말합니다. 현실은 눈에 보이는 그대로가 아닐 수 있다는 것입니다. 우리가 경험하는 이 세상은 결국 보이지 않는 정보와 그 정보를 해석하는 뇌의 협력으로 만들어진 무대일지도 모릅니다. 그렇게 본다면 현실은 상상보다 더 신비롭고, 또 더 크고 깊은 차원과 연결되어 있다는 사실을 알 수 있습니다. 양자 얽힘이라는 현상은 홀로그램 우주 이론에 큰 설득력을 더해줍니다.

양자 얽힘은 두 입자가 서로 아무리 멀리 떨어져 있어도 즉각적으로 영향을 주고받는 현상을 의미합니다. 예를 들어, 지구에 있는 한 입자 상태가 변하면 우주 반대편에 있는 얽힌 입자 상태도 동시에 변합니다. 이는 마치 두 사람이 같은 무선 신호에 연결돼 있어 한 사람이 버튼을 누르면 다른 사람이 즉각적으로 진동을 느끼는 것과 같습니다. 하지만 양자 얽힘은 물리적인 신호 전달 없이도 이런 일이 일어난다는 점에서 더 신비롭습니다. 이 현상은 우리가 알고 있는 고전적인 물리법칙으로는 설명할 수 없기 때문에 과학자들도 그 원리를 찾기 위해 다양한 실험을 했습니다.

대표적인 실험은 1980년대 진행된 알랭 아스페의 실험입니다. 이 실험은 우리가 알고 있는 고전 물리학으로는 설명할 수 없는 우주의 신비로운 연결성을 보여줬습니다. 아스페는 두 개의 얽힌 빛 입자(광자)를 만들어 서로 멀리 떨어뜨린 뒤, 한쪽 입자의 상태를 측정했을 때 다른 쪽 입자가 어떻게 반응하는지 관찰했습니다. 그는 한 입자의 상태(빛의 진동 방향)를 바꾸자, 물리적으로 아무런 연결이 없는 먼 거리의 다른 입자도 동시에 같은 방식으로 변화하는 사실을 발견했습니다. 이는 마치 두 사람이 멀리 떨어져 있어도 하나의 신호로 같은 행동을 취하는 것과 비슷한 현상이었습니다.

더 놀라운 점은 이 변화가 즉각적인 반응으로 이루어졌다는 사실입니다. 빛보다 빠른 속도였습니다. 우리가 알고 있는 물리 법칙으로는 신호가 전달되려면 시간이 걸리지만 얽힌 입자들은 마치 신호 없이도 서로 통하는 듯 행동했습니다. 아스페는 실험의 신뢰성을 높이기 위해 입자의 상태를 측정하는 방식을 실시간으로 무작위로 바꿨습니다. 이렇게 해도 두 입자는 여전히 서로 영향을 주고받는 것처럼 반응했으며, 이는 두 입자가 미리 상태를 정해 놓은 것이 아니라 실제로 얽혀 있다는 사실을 입증했습니다.

이 실험은 우리가 경험하는 현실이 독립된 존재가 아니라 우주의 더 깊은 차원에서 서로 연결된 정보의 일부일 가능성을 보여줍니다. 이는 우리가 사는 세계가 보이지 않는 차원에서 복잡하게 얽혀 있다는 것을 암시하기도 하죠. 더 중요한 점은 양자 얽힘이 우주의 모든 것이 보이지 않는 차원에서 서로 연결되어 있다는 것을 설명해 준다는 겁니다. 우리가 경험하는 현실이 단순히 개별적인 물체와 사건의 조합이 아니라 우주 연결망 속에서 만들어질 수 있다는 가능성을 시사한다는 점이 놀랍습니다.

이 연결망은 단순히 입자 사이에만 적용되는 것이 아닐 수 있습니다. 의식과 감정도 우주의 정보와 연결되어 있을 가능성을 생각해 볼 수 있죠. 예를 들어, 우리가 긍정적인 생각을 한다면 그 생각이 우주의 정보 배열에 영향을 끼치고, 결국 우리의 현실에 긍정적인 변화를 가져올 수 있다는 겁니다. 반대로, 부정적인 감정은 정보 배열에 부정적인 영향을 줄 수 있습니다. 이런 관점에서 보면 의식은 단순히 개인적인 경험에 머물지 않고, 우주와 상호작용한다고 볼 수 있습니다. 양자 얽힘은 우리가 생각하는 것보다 세상이 훨씬 더 깊고 복잡한 방식으로 연결되어 있다는 사실도 보여줍니다. 또한, 생각이나 감정이 이 보이지 않는 연결망 일부로 작용할 수 있다는 점은 우리가 현실을 바꾸는 데 큰 영향을 끼칠 수 있다는 가능성을 열어줍니다.

결국, 우리가 사는 세상이 단순한 물리적 구조물이 아니라, 마치 호수에 비친 달빛과 같습니다. 달빛은 물 위에 선명하게 떠 있지만, 실제로는 호수 속에 있지 않습니다. 우리가 경험하는 현실도 이와 비슷합니다. 현실은 단순히 물리적으로 존재하는 것이 아니라, 더 깊은 차원의 정보가 투영된 결과물입니다. 중요한 것은 호수 물결이 잔잔할 때 달빛은 선명하게 보이지만, 물이 흔들리면 달빛도 일그러져 보인다는 점입니다. 우리의 생각과 감정이 바로 이 호수의 물결입니다. 마음이 평온하고 긍정적일 때 세상은 밝고 아름답게 비춰지고, 부정적인 생각으로 혼란스러울 때 현실도 어둡고 일그러지게 보입니다.

이제 선택은 당신에게 달려 있습니다. 당신의 마음이라는 호수를 어떻게 가꿀지에 따라, 세상이 어떻게 비칠지가 결정됩니다. 세상을 바꾸고 싶다면, 먼저 당신의 마음을 잔잔하게 하세요. 그 안에 비친 달빛이 결국 당신이 만들어갈 현실의 모습이 될 것입니다.

내 안에 숨겨진 나를 찾아야 성공한다

우리는 모두 내면에 엄청난 잠재력을 가지고 있습니다. 앞에서 살펴본 홀로그램 우주 이론은 우리가 일상적으로 경험하는 현실이 사실은 2차원 표면에 저장된 정보의 3차원 투영이라는 개념을 제시합니다. 이 말은 우리가 경험하는 모든 것이 정보의 배열에 따라 달라질 수 있다는 것을 의미합니다.

그럼 이제 정보를 원하는 형태로 바꿔 현실을 창조하는 방법을 알아보겠습니다. 홀로그램 우주 이론에 따르면, 현실은 정보의 나열과 해석에 의해 형성됩니다. 따라서 이 정보를 재구성하여 우리가 원하는 현실을 만들 수 있습니다. 이 과정에서 자기 최면을 활용할 수 있습니다. 지금부터 내면의 정보를 바꾸고, 현실을 변화시키는 자기 최면 방법을 구체적으로 설명하겠습니다.

먼저, 자기 최면에 들어가기 위해 효과적인 방법을 준비해야 합니다. 편안한 환경을 조성하는 것이 첫 번째 단계입니다. 조용하고 방해받지 않는 공간을 찾아, 편안한 자세로 앉거나 눕습니다. 주변의 소음을 최소화하고, 휴대폰이나 다른 전자 기기를 끄는 것이 좋습니다. 그런 다음, 천천히 깊게 숨을 들이마시고 내쉬며 몸과 마음을 이완시킵니다. 심호흡을 몇 번 반복하여 몸과 마음이 차분해지는 것을 느끼세요.

이제 좀 더 효과적으로 자기 최면 상태에 들어가기 위해 몇 가지 추가적인 팁을 소개하겠습니다. 반복적인 시각적 자극을 활용해보세요. 눈을 감고, 눈앞에 있는 점을 상상해보면 됩니다. 이 점이 점점 커지거나 작아지는 것을 반복해서 상상하세요. 해당 방법은 마음을 차분하게 만들고, 깊은 최면 상태로 들어가는 데 도움을 줍니다.

또한, 자신에게 반복적으로 암시를 주는 것도 효과적입니다. "나는 점점 더 깊이 내면에 들어가고 있다.", "나는 내 무의식과 연결되고 있다."와 같은 긍정적인 암시를 반복하세요. 이 과정에서 천천히 꾸준히 호흡하며, 몸의 각 부분이 차례로 이완되는 것을 느껴보세요. 발끝부터 시작하여 다리, 허리, 가슴, 어깨, 목, 얼굴 순으로 몸 전체에 긴장을 풀어보세요.

이제 무의식과의 대화를 시작할 준비가 되었습니다. 무의식과의 대화를 통해 내면의 정보를 원하는 형태로 바꾸는 과정을 설명하겠습니다. 무의식과의 대화는 단순히 상상에 그치는 것이 아니라, 뇌를 특정한 상태로 바꿔 효과를 높입니다. 뇌파 연구에 따르면, 세타파 상태는 깊은 명상이나 최면 상태에서 나타나며, 이 상태에서 우리는 무의식과의 접촉이 쉬워집니다. 세타파 상태는 창의성과 직관을 높여주며, 문제 해결 능력을 향상시키는 것으로 알려져 있습니다.

이제 무의식에게 질문을 던져보세요. 예를 들어, "나는 사업에서 성공하고, 더 큰 성취감을 느끼고 싶어. 내 안에 숨겨진 힘을 발견하고, 이를 통해 성공하려면 어떻게 해야 할까?"라는 질문을 던질 수 있습니다. 이 질문을 던진 후, 마음을 비우고 무의식이 주는 이미지를 떠올리세요. 처음에는 아무런 이미지가 떠오르지 않을 수도 있습니다. 하지만 인내심을 가지고 계속 시도해 보세요. 무의식은 때로는 상징적인 이미지나 느낌을 통해 메시지를 전달합니다. 이 이미지를 주의 깊게 살펴보고, 그것이 의미하는 바를 생각해 보세요. 예를 들어, 갑자기 산을 오르는 이미지가 떠오른다면, 이는 자신의 목표를 향해 꾸준히 나아가라는 의미일 수 있습니다. 또는 물속에서 헤엄치는 이미지가 떠오른다면, 이는 감정의 흐름에 맡기고 자연스럽게 상황에 대처하라는 의미일 수 있습니다.

최면 상태에서 깨어난 후, 무의식이 전달한 메시지를 마음 속 깊이 새깁니다. 이를 통해 내면의 힘을 발견하고, 이를 활용하여 현실을 변화시킬 수 있습니다. 이러한 과정을 반복하면 점차 무의식과의 소통이 더 원활해지고, 자신의 내면 깊은 곳에 숨겨진 힘을 더 잘 이해하게 될 것입니다. 자기 최면을 통해 내면의 힘을 발견하고 이를 활용하여 원하는 현실을 창조하는 과정은 꾸준한 연습과 인내가 필요합니다. 무의식과의 대화를 통해 얻은 통찰을 바탕으로 행동 계획을 세우고, 이를 실행에 옮기세요. 저 역시 이 방법을 사용해 인생을 바꿀 수 있었습니다.

직장에 다니던 시절, 저는 오랫동안 커리어에 대한 불만족을 느끼고 있었습니다. 매일 반복되는 일상과 직장에서의 스트레스는 저를 지치게 했고, 더 나은 삶을 원했지만 그 방법을 몰랐습니다. 그러던 중, 자기 최면을 통해 내면의 힘을 발견하고 이를 활용해 보기로 결심했습니다. 매일 저녁, 조용한 방에서 혼자 자기 최면 연습을 시작했습니다. 편안한 의자에 앉아 눈을 감고 깊게 숨을 들이마시고 내쉬면서 몸과 마음을 이완시켰습니다. 천천히 호흡하며 몸의 각 부분이 이완되는 것을 느꼈습니다. 그런 다음, 자신에게 "나는 지금 편안하게 이완되고, 내 무의식과 연결될 준비가 되었습니다."라는 말을 반복했습니다. 점점 더 깊은 이완 상태로 들어가면서, 저는 눈앞에 있는 점이 커지거나 작아지는 것을 상상했습니다.

이렇게 깊은 최면 상태에 도달한 저는 자신의 진로 문제에 대해 무의식에게 질문을 던졌습니다.

"나는 더 크게 성공하고, 성취감을 느끼고 싶어. 내 안에 숨겨진 힘을 발견하고, 이를 통해 성공하려면 어떻게 해야 할까?"

질문을 던진 후, 마음을 비우고 무의식이 주는 이미지를 기다렸습니다. 처음에는 아무런 이미지가 떠오르지 않았지만, 인내심을 가지고 계속 시도했습니다. 몇 차례의 시도 끝에, 크몽에서 비즈니스를 성공적으로 운영하는 모습을 보았습니다. 이미지를 주의 깊게 살펴보고, 이를 현실에 적용하기로 결심했습니다. 최면 상태에서 깨어난 후, 무의식이 전달한 메시지를 깊이 새기고, 온라인 사업을 시작하기 위한 구체적인 계획을 세웠습니다.

처음에는 소규모로 시작했지만, 꾸준히 노력하며 배운 것들을 적용해 나갔습니다. 몇 달 후, 저는 크몽에서 공식 최상위 2% 전문가로 자리매김할 수 있었습니다. 덕분에 매출이 급증하고, 많은 고객이 제 서비스를 찾았습니다. 이처럼 자기 최면을 통해 얻은 통찰과 내면의 힘을 바탕으로, 평범한 직장인에서 성공한 온라인 사업가로 성장할 수 있었습니다.

당신도 자기 최면을 통해 자신의 무의식과 깊이 대화하고, 숨겨진 잠재력을 발견해 보세요. 내면의 힘을 깨닫고 이를 통해 원하는 현실을 창조할 수 있습니다. 이 방법을 꾸준히 연습하면 내면의 잠재력을 발견하고 원하는 현실을 창조하는데 큰 도움이 될 것입니다.

카르마로 다른 시공간에 존재하는 나를 끌어오기

혹시 "다른 시공간에 존재하는 나"라는 개념을 들어본 적이 있나요? 이 개념은 처음에는 조금 낯설게 들릴 수 있지만, 양자 물리학과 다중우주 이론을 통해 이해할 수 있습니다. 간단히 말해, 우리가 존재하는 이 우주 외에도 무한히 많은 다른 우주가 존재할 수 있다는 것입니다. 예를 들어, 오늘 아침에 내가 커피를 마신 이 우주와는 다르게, 어떤 우주에서는 커피가 아예 없을 수 있습니다. 다중우주 이론은 각 우주가 서로 다른 법칙을 가질 수 있다고 설명합니다. 그래서 우리가 당연하게 여기는 것들이 다른 우주에서는 전혀 다를 수 있다는 것이죠.

그렇다면, 다른 시공간에 존재하는 '나'를 어떻게 끌어올 수 있을까요? 여기서 중요한 두 가지 개념이 있습니다. 바로 '카르마'와

'에너지'입니다.

먼저, 카르마는 우리가 지금 하는 행동이 미래에 영향을 미친다는 법칙입니다. 예를 들어, 우리가 친절하게 행동하면 미래에 좋은 일이 생길 가능성이 커집니다. 반대로, 부정적인 행동을 하면 그 결과도 부정적으로 돌아올 수 있습니다. 카르마는 우리의 인생에 큰 영향을 미치며, 이를 이해하고 긍정적인 방향으로 활용하는 것이 중요합니다.

에너지는 우리 내면의 힘을 의미합니다. 우리의 생각, 감정, 행동 모두 에너지를 가지고 있으며, 이 에너지는 우리의 삶에 큰 영향을 미칩니다. 긍정적인 에너지를 가지고 있으면 좋은 일들이 생기기 쉽고, 부정적인 에너지를 가지고 있으면 나쁜 일들이 생길 가능성이 높습니다.

그렇다면, 이러한 에너지와 카르마를 어떻게 활용하여 다른 시공간에 존재하는 자신과 연결될 수 있을까요?

첫 번째 방법은 루시드 드림을 활용하는 것입니다. 루시드 드림이란, 꿈을 꾸면서도 "지금 내가 꿈을 꾸고 있다"는 것을 스스로 아는 상태를 말합니다. 이 상태에서는 꿈 속에서 내가 원하는 대로 행동하거나, 내가 원하는 세상을 만들 수 있어요. 예를 들어, 꿈에서 내가 부자가 되어 사업을 하고 있다고 상상해 보세요. 그 경험을 통해 부자가 된 기분과 감정을 느낄 수 있죠. 그리고 그 느낌을 현실로 가져올 수도 있습니다.

루시드 드림을 꾸기 위해서는 먼저 꿈 일기를 써보세요. 매일 아침에 일어나자마자 꿈 내용을 기록하면, 점점 꿈을 더 잘 기억할 수 있게 됩니다. 또, 낮 동안에도 "지금 내가 꿈을 꾸고 있나?"라고 스스로에게 물어보는 습관을 들이면, 꿈 속에서도 같은 질문을 하게 될 가능성이 높아집니다. 잠들기 전에는 "나는 꿈에서 내가 꿈을 꾸고 있음을 알게 될 거야"라고 여러 번 반복해 보세요. 그리고 WBTB(기상 후 다시 잠들기)라는 방법도 있는데, 이것은 잠에서 한 번 깨어난 후 20~30분 동안 깨어 있다가 다시 잠드는 방법입니다. 이 방법도 루시드 드림을 꾸는데 도움이 됩니다.

루시드 드림은 심리학과 뇌 과학에서 연구된 바가 있습니다. 연구에 따르면, 루시드 드림은 뇌의 특정 부분이 활성화되면서 나타나고, 꿈을 더 잘 자각하게 된다고 합니다. 많은 사람이 루시드 드림을 통해 창의적인 아이디어를 얻거나 문제를 해결하고, 심리적으로 치유되는 경험을 했습니다.

마지막으로, 루시드 드림은 우리의 카르마와 에너지와도 연결됩니다. 카르마는 우리가 한 행동이 미래에 영향을 미친다는 개념입니다. 꿈 속에서 과거의 경험을 다시 만나고 그것을 새롭게 이해함으로써, 긍정적인 에너지를 회복할 수 있습니다.

두 번째 방법은 스페이스 브릿지입니다. 이건 지금의 나와 다른 시공간에 있는 나를 연결하는 방법이에요. 예를 들어, 현재의 내가 목표를 이루기 위해 상상하는 게 아니라, 이미 그 목표를 이룬 다른 시공간의 나와 연결해서 그 경험을 가져오는 거죠. 실행 방법도 알아보겠습니다. 먼저 조용한 곳에 앉아서 눈을 감고 깊이 숨을 쉽니다. 그리고 내가 있는 자리를 하나의 점으로 생각한 다음 그 점에서 빛이 여러 방향으로 뻗어 나가는 걸 상상해 보세요. 그 빛들이 각각 다른 시공간의 나와 연결되어 있습니다. 그중 한 줄을 따라가서 다른 시공간의 나와 합쳐지는 상상을 하는 거예요. 이렇게 하면 다른 곳에 있는 나의 경험과 능력을 현재의 나에게 가져올 수 있습니다.

이 개념은 과학적으로도 설명이 가능합니다. 양자 물리학에서는 입자가 동시에 여러 곳에 존재할 수 있다는 개념이 있어요. 우리의 의식도 이와 비슷하게 여러 가능성의 나와 연결될 수 있다고 생각할 수 있죠. 실제로 과학자들은 멀리 떨어져 있는 두 입자가 연결된 상태를 유지한다는 사실을 발견했습니다. 이걸 의식에 적용하면, 우리는 다른 시공간에 있는 나와도 연결될 수 있다는 거예요. 스페이스 브릿지 역시 카르마, 에너지와도 관련이 있습니다. 이 방법을 통해 우리는 과거의 경험을 이해하고, 그걸 긍정적인 에너지로 바꿀 수 있습니다. 다른 시공간에 있는 나의 지혜와 경험을 받아들이면, 현재의 내가 더 나아질 수 있죠.

방금 알려드린 두 가지 방법은 단순한 기술이 아닙니다. 그것은 내 안에 잠들어 있던 가능성을 깨우는 길입니다. 루시드 드림으로 꿈속의 새로운 나와 마주하고, 타임라인 점프로 이미 성공을 이룬 또 다른 나의 힘을 내 안으로 끌어오는 일. 이건 먼 이야기가 아닙니다.

지금 당신이 서 있는 이 순간, 그 선택의 문이 열려 있습니다. 세상이 아니라, 내 안의 나를 바꾸는 일. 삶은 그렇게 달라집니다. 이제 당신 앞에 놓인 그 길을 걷기 시작하세요. 더 깊고, 더 강한 내가 당신을 기다리고 있습니다.

숨겨진 에너지를 활용해 외모와 신체를 바꾸는 방법

당신은 끌어당김으로 외모를 바꿀 수 있다고 생각하나요? 아마 대부분 아니라고 생각할 거예요. 하지만 이 글을 끝까지 읽으면 그 생각이 완전히 바뀔 겁니다.

외모는 성공에 큰 영향을 미칩니다. 경제학자 하머메시가 한 연구 결과를 살펴보면 그 답을 확인할 수 있습니다. 하머메시는 1993년에 미국과 캐나다의 남녀 취업자 약 1,500명을 대상으로 조사를 진행했어요. 키와 몸무게를 기준으로 다섯 가지 등급을 매긴 다음 외모가 소득에 얼마나 큰 영향을 미치는지 확인했죠. 다른 조건이 동일하다는 가정 하에 평균 이상 외모를 가진 남성은 평균적인 외모를 가진 남성에 비해 5% 높은 임금을 얻었어요. 이와 달리 평균보다 낮은 외모를 가진 남성은 9% 낮은 임금을 얻고 있었죠. 여성도 마찬가지였어요. 외모 매력도가 높은 여성은 4% 높은 임금을, 낮은 여성은 5% 낮은 돈을 받고 있었어요. 연구 내용을 살펴보면 평균적으로 5~10% 정도 외모가 임금에 영향을 미치고 있음을 알 수 있습니다. 이제 이렇게 중요한 좋은 외모를 어떻게 끌어당길 수 있는지 알아보도록 하겠습니다.

우리가 어떤 경험을 하면 몸보다 마음이 먼저 정보를 받아들입니다. 그럼 특정 생각과 감정을 만들어 냅니다. 이런 생각과 감정이 특정 주파수를 만들고 현실에 나타난다는 사실을 이전 글에서 알려드렸어요. 좀 더 쉽게 이해하기 위해 제가 사례 하나 설명할게요. 컴퓨터를 사용해 어떤 디자인 결과물을 만든다고 가정해 볼게요. 포토샵이나 일러스트레이션 사용법만 알면 그림을 전혀 못 그리는 사람도 아름다운 결과물을 만들어 낼 수 있어요.

마음도 마찬가지입니다. 마음이라는 컴퓨터를 어떻게 활용하는지에 따라 아름다운 결과물 또는 형편없는 결과물이 나올 수 있어요. 대표적인 예는 미소 라인이에요. 달라이 라마 얼굴을 보면 평화로운 마음 상태를 유지했기에 미소 라인이 자리 잡고 있습니다. 이런 미소 라인은 긍정적인 인상 형성에 큰 영향을 미칩니다. 다른 예시는 주름이에요. 한 번 화를 낸다고 주름이 생기지 않습니다. 그러나 여러 차례 화를 내면 자연스레 이마에 주름이 생기죠.

이제 좀 더 나아가 마음 상태가 신체에 얼마나 큰 영향을 미치는지 연구 사례를 통해 알려줄게요. 하버드대학 심리학자인 엘렌 랭거는 가정부들이 엄청난 운동량에도 불구하고 살이 빠지지 않는 이유에 대해 궁금해했어요. 원인을 찾기 위해 설문 조사를 해보니 그들 중 67%가 자신이 하는 일을 운동이라고 생각하지 않았어요. 또한, 그런 움직임이 평균적인 수준의 운동량이라고 생각했죠. 실제로는 평균 운동량을 훨씬 초과했음에도 말이죠.

랭거는 이런 사실에 주목해 84명의 하녀를 두 가지 그룹으로 나눴어요. 두 그룹 모두 실험 전에 혈압, 체지방, 허리, 엉덩이 비율과 체중을 측정했어요. 한 집단은 평상시처럼 일하게 했고, 다른 집단은 전문가로부터 하루 종일 어느 정도 칼로리를 일하면서 소모했는지 매일 전달받았어요. 한 달 뒤에 결과는 놀라웠죠. 정보를 전달받은 그룹은 기존 대비 체중이 감소했고, 혈압도 10% 줄었습니다. 같은 일을 해도 정보를 전달받은 그룹은 내가 엄청난 양의 운동을 하고 있다는 사실을 마음속으로 인지했기 때문에 수치상으로 다른 결과물을 얻었어요.

마음의 중요성을 알려주는 또 다른 사례는 스트레스와 체중입니다. 우울하거나 스트레스를 많이 받을수록 살이 찐다는 연구 결과가 많습니다. 체중이 외모에 큰 영향을 미치는 만큼 마음 상태가 중요하다는 걸 또다시 알 수 있었어요.

마지막으로 나쁜 습관도 외모에 영향을 미칩니다. 흡연, 음주, 마약은 실제로 얼굴 변화에 큰 영향을 끼칩니다. 다음 쌍둥이 자매 사진을 살펴보면 그 차이가 얼마나 큰지 알 수 있어요.

왼쪽은 마약과 술을 지속적으로 했고, 오른쪽은 건강한 삶을 살았어요. 똑같이 생긴 쌍둥이도 습관 하나로 큰 차이가 난다는 사실을 알 수 있습니다. 나쁜 습관은 부정적인 마음, 즉 심리 상태에서 생성되므로 마음가짐이 중요하다는 사실을 알 수 있어요.

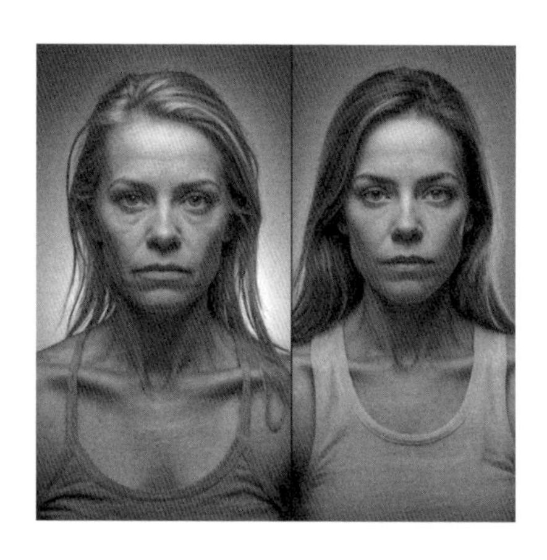

〈습관 차이에 따른 쌍둥이 얼굴 모습〉

신기하게 마음 상태만 바꿔도, 그리고 내가 원하는 모습만 시각화해도 현실이 바뀝니다. 이미 수많은 사람이 확신을 갖고 이상적인 모습을 시각화했을 뿐인데 그런 모습으로 변했습니다. 당신도 외모를 바꾸고 싶다면 원하는 모습을 떠올려보세요. 가능한 구체적으로 그려낼수록 좋습니다. 시각화가 어렵다면 원하는 연예인 사진을 보면서 나도 그 사람처럼 변한다는 상상을 해보세요. 처음에는 믿기 힘들겠지만 점차 내 모습이 변해간다는 사실을 체감할 수 있을 겁니다. 시각화로 외모 매력도를 높이면 인생도 그만큼 쉬워집니다.

평범했던 내가 갑자기 월 1,000만 원을 번 이유

300만 원. 운 좋게 취업한 직장에서 받은 월급입니다. 중소기업에 다니는 청년들보다 상대적으로 많은 월급을 받았지만, 그 돈으로 할 수 있는 일들은 적었습니다. 식당에 가도 1만 원 넘는 가격의 음식은 주문을 망설이게 했습니다. 좋은 곳에 여행 가기도 힘든 돈이었죠. 한 번 여행을 다녀오면 그 달은 돈을 하나도 모으지 못했습니다. 3년 넘게 직장 생활을 한 다음 집을 구했습니다. 당시, 결혼을 했기에 머물 곳이 필요했죠. 제가 구한 집은 중랑구에 위치한 투 룸의 빌라였습니다. 좁은 빌라에 앉아서 생각했습니다.

'직장 생활을 하면 평생 이렇게 살겠구나.'

이사한 다음날부터 저는 바뀌기 시작했습니다. 예전에는 직장에서 빠르게 진급하는 걸 목표로 했다면 이제는 온라인 사업가라는 명확한 꿈이 생겼죠.

"에이 그건 불가능해요. 그냥 직장 생활에 만족하세요."

친한 직장 동료에게 목표 수입을 말하자 들은 말이었습니다. 직장 안은 전쟁터이지만, 밖은 지옥이라는 말도 더했죠. 그런 말을 들었을 때 저는 안도감을 느꼈습니다. 대다수 사람이 이런 마음으로 살아가니까 도전하려고 하는 사람에게는 기회가 많은 거죠. 더 큰 확신을 얻기 위해 중국에서 크게 사업 중인 이모부를 찾아 갔어요. 그는 대기업을 다니다가 퇴사하고, 현재는 매달 억대로 수익을 얻으면서 살아가고 있었죠. 궁궐 같은 집에서 사는 자수성가한 사업가였어요. 이모부 역시 사업 도전에 망설였다고 했어요. 하지만 자기가 노력한 만큼 돈을 벌고 싶다는 생각에 사업을 시작했다고 했죠. 수익에 한계를 두기 싫다는 말도 하셨어요.

이모부는 중간에 큰 실패를 겪었지만, 절대 포기하지 않았습니다. 그 과정이 얼마나 힘든지 잘 알기에, 저는 이모부께 물었습니다. "어떻게 그 모든 실패를 견뎌낼 수 있었어요?" 그의 답은 예상 밖이었죠.

"나는 한 번도 내가 실패할 거라고 생각한 적이 없어."

이 말은 마치 세상을 향해 던지는 굳건한 믿음처럼 들렸습니다. 그 한마디가 제 가슴을 울렸어요. 실패란 그의 길을 막는 장애물이 아니라, 그저 잠시 쉬어가는 과정일 뿐이었음을 깨닫게 해준 순간이었죠. 그의 한 마디가 큰 울림을 줬죠. 이모부를 만난 후에 다른 성공한 사업가들을 만나 봤어요. 그들 모두 작은 실패는 있었지만 결국에는 좋은 결과를 만들어 냈죠. 저도 같은 흐름으로 사업이 성장해 지금은 매달 순수익 1,000만 원이 넘습니다. 가끔은 2,000만 원도 넘고요. 매출로만 따지면 3월에는 3,000만 원을 찍기도 했습니다. 사업을 하다 보니 성공한 사업가들이 해줬던 조언을 더 깊이 있게 이해할 수 있었죠. 다양한 조언과 성공 방법 중에 효과가 가장 컸다고 생각했던 부분을 지금부터 이야기할게요.

이모부가 알려준 내용의 핵심은 '자기효능감을 높여라.'였어요. 자기효능감은 스스로 성공할 수 있다는 믿음을 의미하죠. 해당 능력을 높일 수 있는 첫 번째 방법은 모의 실험법입니다. 부정적인 생각이나 믿음에 도전하기 위해 직접 원하는 일을 행동에 옮겨 보는 겁니다. 예를 들어, 어떤 상황에서 실패할 것이라는 두려움이 있다면, 실제로 그 상황을 경험해보고 결과를 관찰함으로써 가설을 테스트할 수 있습니다. 순서는 다음과 같습니다.

우선, 구체적 상황을 설정해야 합니다. 자신이 부정적으로 생각하는 구체적인 상황을 정합니다. "대중 앞에서 발표하면 실수할 것이다."라는 믿음을 가지고 있다면, 실제로 소규모 그룹 앞에서 발표를 해보는 것이 좋습니다. 발표할 때 무엇을 말할지, 어떻게 준비할지 계획을 세우고, 발표 후에 어떤 결과가 나타났는지를 관찰하기 위한 기준도 마련해야 합니다. 이는 자신의 성과를 객관적으로 평가할 수 있는 기회를 제공합니다. 계획대로 상황을 직면하고, 발표를 진행해봅니다. 발표 도중 느낀 감정, 발표 후 얻은 반응 등을 자세히 관찰하고 기록합니다. 실험 후에는 예상했던 결과와 실제 결과를 비교합니다. 예상과 다른 긍정적인 결과가 나왔다면, 이는 부정적인 믿음이 근거 없음을 보여주는 증거가 될 수 있습니다.

이러한 경험은 자신감을 높이고, 유사한 상황에 더 잘 대처할 수 있게 만듭니다. 한 번의 실험으로 큰 변화를 기대하기 어렵습니다. 여러 번에 걸쳐 다양한 상황에서 행동적 실험을 반복적으로 실시하여, 점차 자기효능감을 증진시킬 수 있습니다. 해당 방법을 통해 실생활에서 직접 원하는 상황을 경험하고 그 결과를 통해 자기 능력과 가능성을 재발견하는 데 큰 도움이 됩니다. 부정적인 생각이나 믿음이 실제와 얼마나 다른 지를 확인함으로써, 보다 긍정적이고 현실적인 자기 인식을 할 수 있게 됩니다.

또 다른 방법은 역할 모델을 정해 놓는 겁니다. 비슷한 조건이나 배경을 가진 사람들의 성공을 관찰하고 그들의 행동, 전략, 태도를 모방함으로써, '나도 할 수 있다'는 믿음을 강화할 수 있습니다. 역할 모델의 일상, 습관, 의사결정 과정, 그리고 그들이 사용한 구체적인 전략이나 기술을 이해하려고 노력하세요. 그 후 역할 모델의 행동과 태도를 실제 생활에 적용해보세요. 예를 들어, 그들이 중요한 결정을 내릴 때 사용한 사고방식이나, 문제를 해결하는 방법을 모방해 보는 것입니다. 역할 모델을 통해 자신이 달성하고자 하는 성공을 명확하게 시각화하고, 그들이 어떻게 도전을 극복했는지 학습하면 자기 효능감을 빠르게 높일 수 있습니다.

마지막 방법은 정서 조절 훈련을 하는 겁니다. 이 방법으로 자기 감정을 인식하고 효과적으로 관리할 수 있습니다. 일상에서 감정을 조절하는 연습을 하는 만큼 스트레스를 받는 상황에서도 긍정적으로 대응하고 빠르게 회복할 수 있습니다. 해당 훈련을 하는 가장 좋은 방법은 감정 일기를 작성하는 겁니다. 감정 일기의 효과는 제인 스미스Jane Smith와 존 도John Doe가 발표한 〈정서 조절 훈련이 심리적 회복력에 미치는 영향The Impact of Emotion Regulation Training on Psychological Resilience〉 논문에 잘 드러납니다. 이 연구는 감정 일기를 통해 사람들이 자신의 감정을 더 잘 이해하고 다스릴 수 있게 되며, 이를 통해 심리적 회복력이 높아진다는 사실을 밝혀냈습니다. 연구 결과에 따르면, 정기적인 정서 조절 훈련을 받은 참가자들은 스트레스 상황에서 더 빠르게 회복하고, 전반적인 정서적 안정성이 향상된 것으로 나타났습니다. 그럼 이제부터 구체적인 실천 방안을 알아보겠습니다.

매일 자신이 경험한 감정과 그 감정을 유발한 상황, 그리고 그 상황에 어떻게 반응했는지를 기록합니다. 이를 통해 자신의 감정적 반응 패턴을 명확하게 인식하고, 어떤 상황에서 어떤 감정이 자주 발생하는지 파악할 수 있습니다. 이러한 자각은 감정적 반응을 조절하는 데 첫걸음이 됩니다. 감정 일기를 통해 자주 발생하는 부정적 감정을 식별한 후, 그 감정에 효과적으로 대응할 수 있는 구체적인 전략을 마련합니다. 예를 들어, 분노를 느낄 때 진정할 수 있는 대화법이나, 실망감을 경험할 때 긍정적인 사고를 유도하는 방법 등을 찾아낼 수 있습니다. 감정이 고조될 때, 그 감정을 인식하고 그 순간에 멈추어 생각하는 연습을 합니다. “지금 나는 분노하고 있다." 또는 "지금 나는 슬프다."와 같이 자신의 감정 상태를 명확히 인식하고, 그 감정에 휘둘리지 않도록 자기 자신을 진정시키는 방법을 연습하면 됩니다.

지금까지 자기 효능감을 높이는 세 가지 방법을 말씀드렸습니다. 첫째, 모의 상황을 통해 실전 감각을 익히는 것입니다. 둘째, 역할 모델을 정하고 그들의 행동을 모방하는 것이죠. 마지막으로, 감정 일기를 쓰며 자신의 감정을 이해하고 통제력을 키우는 방법입니다. 이 세 가지를 꾸준히 실천하면 원하는 목표에 한 발 더 빨리 다가갈 수 있을 겁니다.

사고의
패러다임을
뛰어넘어라

23살 때까지 제 삶은 실패의 연속이었어요. 매달 200만 원 넘게 쓰며 과외를 받았지만 수능 5등급을 받고 말았죠. 사실 제가 실력이 많이 부족해서 그런 점수를 받은 건 아니었어요. 모의고사를 보면 평균 2등급은 나왔죠. 그런 제가 수능을 못 본 이유는 전날 밤에 있었던 일 때문입니다.

수능 전날 밤에 자기 전 눕자마자 흔히 말하는 현자 타임을 경험했어요. 10년 넘게 공부한 결과가 하루 만에 결정된다는 사실에 허무한 감정을 느꼈어요. 초등학생 시절부터 다양한 학원에 다녔기에 더 크게 그런 생각을 했습니다. 초등학교 방과 후에 학원을 다녀오면 저녁 7시였어요. 제가 주어진 자유 시간은 2시간이 전부였습니다. 그 시간에도 숙제를 해야 했죠. 중학교 때부터는 집에

오면 밤 9시가 넘었습니다. 고등학생 때는 새벽 1시까지 학원에 있었죠.

그렇게 제 인생의 대부분을 학원에서 보냈어요. 하필이면 수능 전날 밤에 이렇게 내 인생을 소비한 게 맞는 건지에 대해 고민하기 시작했습니다. 부모님은 좋은 대학에 가면 인생이 바뀐다고 했지만, 저는 제가 뭘 좋아하는지조차 몰랐어요. 왜 대학에 가야 하는지도 몰랐죠. 그냥 대기업에만 가면 인생이 바뀔 거니까 좋은 대학에 꼭 가라고 했습니다. 학원 선생님도 하나같이 말했어요. "학과보다는 대학 간판이 중요하다."

그렇게 저는 제가 어떤 학과에 진학하고 싶은지도 모른 채 대학만 보고 달려왔어요. 대학에 가서도 새로운 미래가 있을 거라는 생각이 들지 않자 잠이 오지 않았습니다. 결국 새벽 3시까지 잠에 들지 못했어요. 아침에 일어나자마자 오늘 최상의 결과물을 만들어 낼 수 없겠다는 생각이 들었죠. 수능 시험장에 들어가는 저를 보는 부모님 모습을 보며 부담감도 느꼈습니다.

견디기 힘들다고 판단해 우황청심환을 복용했어요. 그게 두 번째 실수였죠. 1교시 언어 영역 시험부터 집중하기 힘들었어요. 결국, 언어 시험을 망쳤어요. 첫 시험에서 안 좋은 결과를 얻었다는 확신이 들자 2교시 수리 영역부터는 더 집중하기 힘들었어요. 그렇게 제 첫 수능은 5등급이라는 성적을 얻고 끝이 났습니다. 수능을 끝내고 나온 날 부모님과 뷔페에 갔어요. 근데 음식 맛을 느끼지 못할 정도로 기분이 좋지 않았어요. 한 가지 생각뿐이었죠.

'아…, 이제 뭐하고 살지?'

온실 속 화초처럼 자라온 저를 구원해 준 존재는 아버지였어요. 대학에 방문해 재학생을 인터뷰하면서 제가 어떤 선택을 하는 게 좋을지 도움을 주셨죠. 아버지는 이 성적으로 문과 대학에 진학하면 실직자가 된다며 저를 전기공학과에 보냈어요. 지금은 여러 사업체를 성공적으로 운영하고 있는 제가 부모님 그늘에서 자랐다는 걸 모르는 사람이 많지만, 그 당시에는 아버지 없이 아무것도 할 수 없었어요. 그냥 아버지가 하라는 대로만 하면서 살았죠. 덕분에 군대에 가서 고생을 많이 했답니다.

대학에 진학하고 술에 눈을 떴어요. 과대표까지 하면서 친구들과 술을 마시러 다녔죠. 하루에 두 병 넘게 술을 마시면서도 저는 서울에 있는 대학에 진학할 거라는 확신이 있었어요. 매일 술을 마시는 제 모습을 보면서 아무도 제가 서울권 대학에 갈 거란 생각을 하지 않았어요.

그런 확신이 있었던 이유는 목표하는 대상을 항상 눈으로 본 덕분이에요. 서울권에 있는 대학에 가겠다고 생각만 한 게 아니라 직접 원하는 대학에 방문했어요. 서울대학교, 연세대학교, 고려대학교 등 서울에 있는 모든 대학에 매주 한 번씩은 다녀왔습니다. 마치 재학생인 것처럼 캠퍼스를 다니며 저도 해당 대학에서 공부하는 상상을 했어요.

그러던 어느 날, 문득 편입에 도전해보고 싶다는 생각이 들었습니다. 아버지 카드를 이용해 무작정 편입 시험을 신청했죠. 그 사실을 안 아버지는 격노하며 저에게 시험을 취소하라고 했어요. 낙타가 바늘 통과하는 것보다 어려운 시험을 제가 해낼 거라고 생각하지 않았습니다. 그런 가능성 낮은 일에 20만 원 넘게 응시료를 썼으니 화가 날만 했죠. 아버지에게 크게 혼난 다음 시험을 취소하기 위해 대학 담당자에게 전화했어요. 담당자는 천재지변이 아닌 이상 시험을 취소할 수 없다고 했어요. 다른 대학도 마찬가지였어요. 결국 저는 아무 공부도 하지 않은 상태에서 시험을 치렀습니다.

당연히 떨어질 거라는 생각에 필리핀에서 하는 대외활동에 참여했어요. 시험 본 사실조차 잊고 지내던 어느 날, 아버지께 급하게 전화가 왔어요. "야, 너 합격했어!" 그 말을 듣고도 믿기지 않았어요. 당연히 떨어질 거라고 생각한 시험에서 1차 합격을 하자 기쁨보다는 놀라움이 더 컸어요. 그렇게 현실감 없이 기다리던 도중 최종 합격 연락을 받았어요. 너무 행복해서 소리 지르면서 동네를 한 바퀴 돌았던 기억이 지금도 생생합니다.

그렇게 합격한 대학에서는 기자가 되고 싶다는 꿈을 꿨습니다. 이때도 단순히 생각만 하진 않았어요. 언론사에 직접 찾아가서 언론인들을 만났죠. 너무 열정적으로 찾아오는 제 모습을 본 SBS 피디가 사내를 구경시켜 주기도 했어요. 지금도 그때 어떻게 그렇게 무모할 수 있었는지 신기합니다. 언론사를 자주 방문하자 CBS에서 근무할 기회도 얻었어요. 방송으로만 접하던 언론인을 직접 만나서 함께 일하자 현실감이 들지 않았죠. 공대생이었던 제가 1년 만에 언론사에서 근무를 시작했다는 말을 못 믿는 사람도 많을 거예요. 직접 보지 않았다면 말이죠.

이 두 가지 성공을 보며 공통점을 발견했나요? 한번 고민해보세요. 어떻게 다른 사람들은 불가능하다고 하는 일을 두 번씩이나 쉽게 성취할 수 있었는지 생각해 보면 당신도 원하는 일을 이룰 수 있을 거예요.

제가 성공할 수 있었던 가장 큰 이유는 눈으로 그 상황을 직접 경험한 덕분이에요. 단순히 어떨 거라고 상상만 하는 게 아니라 그 상황을 경험할 수 있는 곳으로 찾아갔죠. 대학생 시절에는 원하는 대학에 방문했고, 언론사가 되고 싶을 땐 언론인과 직접 만났어요.

이 책을 읽는 당신도 꿈꾸는 삶을 살고 있는 사람을 찾아가거나 그들이 어떻게 사는지 경험하는 게 중요해요. 책상에 앉아서 생각만 하면 현실이 되지 않죠. 이 사실을 배웠다면 이제 그 경험을 어떻게 할 수 있을지 계획을 세워보세요. 꿈을 현실로 만드는 가장 쉬운 방법입니다.

나는 양자역학을 알고 사업 성공률 100%를 달성했다

양자역학과 끌어당김 간 상관관계

끌어당김 법칙을 이해하려면 양자역학이라는 개념을 알아야 합니다. 양자역학은 아주 작은 입자들이 어떻게 움직이고 상호작용을 하는지를 설명하는 물리학의 한 분야입니다. 이 작은 입자들은 우리가 보는 모든 물질, 예를 들어 책상, 컴퓨터, 심지어 이 책을 읽고 있는 당신까지도 구성하는 기본 단위입니다.

20세기 초, 알버트 아인슈타인, 닐스 보어, 베르너 하이젠베르크 같은 천재 물리학자들이 양자역학을 발전시켰습니다. 그들은 입자들이 동시에 여러 상태에 있을 수 있다는 '중첩'과 입자들이 멀리 떨어져 있어도 연결될 수 있는 '얽힘' 같은 놀라운 현상을 발견했죠. 이 덕분에 우리는 눈에 보이지 않는 작은 세계가 우리의 일상과 어떻게 연결되어 있는지를 알게 되었고, 우리의 생각과 감정이 현실에 영향을 미치는 끌어당김 법칙을 이해할 수 있었습니다. 그럼 양자역학 특징부터 살펴보겠습니다.

양자역학의 중요한 특징 중 하나는 입자들이 동시에 여러 상태에 있을 수 있다는 점입니다. 개념을 이해하기 위해 조금 더 현실적인 비유를 들어볼게요. 지금 동전 던지기를 하고 있다고 상상해 보세요. 동전이 공중에 떠 있는 동안에는 앞면과 뒷면이 동시에 존재하는 것처럼 보입니다. 그러나 동전이 땅에 떨어지는 순간, 앞면이든 뒷면이든 하나의 면으로 확정됩니다. 이를 '중첩'이라고 합니다.

이 개념을 더 잘 설명하기 위해 '슈뢰딩거의 고양이'라는 유명한 생각 실험을 소개하겠습니다. 상자 안에 고양이가 있고, 상자 안에는 독약이 담긴 병이 있습니다. 고양이는 상자를 열어보기 전까지는 살아 있는 상태와 죽어 있는 상태가 동시에 존재한다고 볼 수 있습니다. 하지만 우리가 상자를 열어보는 순간, 고양이는 살아 있거나 죽어 있는 하나의 상태로 확정됩니다.

이렇게 양자의 상태는 우리가 관찰하는 순간 결정됩니다. 바로 이것이 '중첩'의 개념입니다.

또 다른 중요한 개념은 '얽힘'입니다. 얽힘 현상은 두 개 이상의 양자가 서로 얽혀 있어서, 하나의 양자 상태가 결정되면 다른 양자의 상태도 즉시 결정됩니다. 예를 들어, 하나의 양자가 서울에 있고, 다른 하나의 양자가 뉴욕에 있다고 상상해봅시다. 서울에 있는 양자 상태를 측정하면, 뉴욕의 양자 상태도 즉시 결정됩니

〈슈뢰딩거의 고양이〉

다. 이는 두 양자가 멀리 떨어져 있어도 서로 정보를 주고받을 수 있다는 것을 의미합니다.

이제, 양자역학의 개념을 끌어당김 법칙에 적용해볼까요? 양자역학에서는 모든 가능성이 존재합니다. 이는 우리가 상상하거나 생각하는 모든 가능성이 현실이 될 수 있다는 끌어당김 법칙과 일치합니다. 우리의 생각과 감정이 현실에 영향을 미칠 수 있다는 것이죠. 예를 들어, 양자역학에서는 입자들이 관찰되기 전까지 여러 상태에 중첩되어 있을 수 있는데, 이는 우리의 긍정적 또는 부정적인 생각이 현실에 구체적인 영향을 미칠 수 있음을 보여줍니다.

끌어당김 법칙은 우리 의식과 생각이 현실을 형성하는 데 중요한 역할을 합니다. 우리가 긍정적인 결과를 상상하고 그것에 따라 생각하고 행동할 때, 그러한 생각들은 현실의 가능성을 형성하는 데 기여할 수 있습니다. 이 원리를 이해하면, 우리는 더 긍정적이고 의식적인 삶을 살아갈 수 있게 됩니다.

여기서 실제 예시를 들어볼까요? 한 학생이 시험에서 좋은 성적을 받고 싶다고 상상해 봅시다. 양자역학에서는 그 학생이 시험을 잘 볼 수 있는 여러 가능성이 중첩돼 있습니다. 만약 그 학생이 긍정적인 생각을 가지고 열심히 공부하며, 시험에서 좋은 성적을 상상한다면, 이러한 긍정적인 생각과 행동이 현실에서 좋은 성적을 끌어당기는 데 도움이 될 수 있습니다. 반대로, 시험을 망칠 거라고 걱정하고 부정적인 생각을 하면, 그러한 생각이 실제로 부정적인 결과를 가져올 가능성이 높아집니다. 이는 그 학생의 생각과 감정이 현실에 어떻게 영향을 미치는지를 보여줍니다.

또 다른 예로 한 사업가가 회사를 성장시키고 싶어한다고 상상해 봅시다. 양자역학에서는 그가 성공할 여러 가능성이 중첩되어 있습니다. 그런데 이 사업가가 긍정적인 생각을 가지고, 혁신적인 아이디어를 생각해 내며, 회사의 성장을 시각화한다면 그런 긍정적인 생각과 행동이 실제로 회사가 성장하는 데 도움이 될 수 있습니다. 반대로, 실패를 두려워하고 부정적인 생각에 빠져 있다면, 실제로 부정적인 결과를 초래할 가능성이 높아집니다.

또한, 끌어당김 법칙은 우주의 모든 것이 서로 연결되어 있다고 설명합니다. 생각과 감정이 우주에 퍼져 나가 유사한 에너지를 끌어당겨 현실을 형성한다는 것입니다. 생각은 우주에 에너지를 발산하며, 이 에너지는 유사한 상황이나 사람들을 끌어들입니다. 감정 또한 강력한 에너지로, 우리가 느끼는 감정은 우리 주변 환경에 영향을 미칩니다. 긍정적인 감정은 긍정적인 결과를, 부정적인 감정은 부정적인 결과를 가져올 수 있습니다. 이는 감정이 우주와 어떻게 연결되어 있는지를 보여줍니다.

이제 조금 더 구체적으로, 생각과 감정이 결과에 영향을 미친다는 과학적 근거를 살펴보겠습니다. 진공 상태에서는 공간이 비어 있는 것처럼 보이지만 끊임없이 에너지와 입자들이 생성되고 소멸합니다. 이 상태에서는 모든 가능성이 잠재적으로 존재하며, 인간의 의식이 이 가능성을 특정한 현실로 변화시킬 수 있습니다. 대표적인 사례는 PEAR 연구소Princeton Engineering Anomalies Research에서 진행한 랜덤 이벤트 생성기 연구입니다. 프린스턴 공대의 PEAR 연구소는 인간 의식이 물리적 현실에 영향을 미칠 수 있는지를 연구했습니다. 그중 랜덤 이벤트 생성기REG 이용한 실험이 가장 유명합니다. 이 장치는 통계적으로 무작위로 숫자를 생성했습니다. 연구자들은 참가자들이 의식을 집중함으로써 이 무작위성을 바꿀 수 있는지를 실험했습니다.

결과는 놀라웠습니다. 참가자들이 무작위로 숫자를 만들어 내는 장치에 집중하면 숫자가 원래 나와야 할 패턴에서 벗어났습니다. 원래 이 장치는 동전을 던질 때 앞뒤가 나올 확률처럼, 완전히 예측할 수 없는 숫자를 생성해야 합니다. 하지만 사람들이 "특정한 숫자가 많이 나왔으면 좋겠다."라고 마음을 모아 집중하면 정말로 그 숫자가 더 자주 나오는 결과를 얻었습니다. 이 변화는 통계적으로 의미가 있었습니다. 단순한 우연이 아니라 의식이 실제로 숫자의 패턴에 영향을 끼쳤음을 입증한 겁니다. 쉽게 말해 사람들이 마음을 모아 '이렇게 됐으면 좋겠다.'고 생각하면, 무작위로 움직이던 숫자가 그 생각에 맞춰 조금씩 변한 거죠. 이 실험은 생각이나 의식이 물리적 세계에 미치는 영향을 보여주는 중요한 사례입니다. 우리 마음이 물리적 현실을 변화시킬 수 있다는 가능성을 제시했습니다.

이와 같은 실험은 우리의 생각과 감정이 현실을 형성하는데 어떻게 기여할 수 있는지를 이해하는 데 중요한 단서를 제공합니다. 끌어당김 법칙은 이런 과학적 원리를 바탕으로 합니다. 우리 생각과 감정이 마치 양자의 상태처럼 다양한 가능성을 내포하고 있으며, 우리가 어떤 생각과 감정을 가지느냐에 따라 현실이 다르게 형성됩니다.

결론적으로 끌어당김 법칙은 우리가 스스로 현실을 의식적으로 창조할 수 있다고 강조합니다. 의식과 집중만으로 우리는 원하는 삶을 만들어 갈 수 있습니다. 모든 가능성은 열려 있고, 생각과 감정이 그 가능성을 현실로 만드는 데 중요한 역할을 한다는 사실만 이해하면 됩니다. 이 원리만 깨달아도 성공할 확률이 2배 이상 높아집니다. 이제 그 원리를 좀 더 깊이 있게 살펴보겠습니다.

끌어당김 법칙을 100% 작동하게 만드는 3가지 기술

누구나 상상을 현실로 만들 수 있습니다. 그 이유는 우리 모두 심장을 가지고 있기 때문입니다. 심장은 단순히 혈액을 순환시키는 기관이 아니라, 강력한 전기적 신호를 발생시키는 기관으로도 알려져 있습니다. 이 전기적 신호는 심장 주변에 자기장을 형성하며, 이 자기장은 심장의 박동과 함께 변화합니다.

심장은 박동마다 전기적 신호를 생성합니다. 전기적 신호는 심장 근육의 수축을 유발하여 혈액을 온몸으로 펌프하는 데 필수적입니다. 이 과정에서 생성되는 전기적 활동은 심장 주변에 자기장을 만들어 내며, 이 자기장은 원하는 상황을 끌어당기는 데 큰 영향을 끼칩니다.

자석이 주변 물질을 끌어당기는 것처럼 사람도 심장이 만드는 자기장을 활용해 이상적인 상황을 끌어당길 수 있습니다.

누구나 마음의 힘을 통해 자신이 원하는 현실을 만들 수 있습니다. 그 이유는 심장이 단순히 혈액을 순환시키는 기관이 아니라, 전기적 신호를 발생시키는 기관이기 때문입니다. 심장이 박동할 때마다 전기 신호가 생성되며, 이 신호는 심장 주위에 작은 자기장을 형성합니다. 이 자기장은 자석처럼 고정된 N극과 S극이 있는 것이 아니라 심장 박동과 함께 변화하는 전자기장입니다. 이 전자기장은 우리의 몸과 감정에 영향을 줍니다.

특히, 호흡 조절을 통해 심장 리듬과 감정을 안정화하면 몸과 마음에 긍정적인 변화를 이끌어 낼 수 있습니다. 깊게 숨을 들이쉬면서 긍정적인 감정(사랑, 감사, 기쁨)을 떠올리고, 숨을 내쉴 때 부정적인 감정을 내려놓는 연습을 해보세요. 그럼 심장이 더 안정된 리듬을 유지하게 됩니다. 또한, 심장 리듬 변이도Heart Rate Variability, HRV가 증가하고, 스트레스에 더 잘 견딜 수 있게 됩니다. 연구에 따르면 높은 HRV는 심혈관 질환 위험을 줄이고, 면역력을 강화시킨다고 합니다. 그럼 이제 구체적인 호흡 조절 훈련 방법을 알아보겠습니다.

1. 편안한 자세로 앉거나 누워서 시작하세요. 가능하다면 조용하고 방해받지 않는 공간에서 연습하는 것이 좋습니다.
2. 천천히 깊게 숨을 들이쉬세요. 숨을 들이쉬면서 긍정적인 감정을 마음속에 그려보세요. 예를 들어, 사랑을 느낄 때의 따뜻

함, 기쁨을 느낄 때의 활기, 감사를 느낄 때의 풍요로움 등을 상상해 보세요.

3. 숨을 천천히 내쉬면서 부정적인 감정을 방출하세요. 스트레스, 불안, 슬픔과 같은 감정이 숨과 함께 밖으로 나가는 것을 느껴보세요. 내쉬는 숨과 함께 마음이 가벼워지는 것을 체험합니다.
4. 이 과정을 반복하면서 심장의 박동을 의식적으로 느껴보세요. 호흡과 심장 박동이 하나의 리듬으로 맞춰지는 것을 상상하며, 긍정적인 감정이 심장 에너지와 합쳐져 강력한 자기장을 만들어 내는 것을 느껴보세요.

이렇게 심장의 리듬과 감정을 동기화하는 연습은 정서적 균형을 유지하고, 자신의 내면 에너지를 효과적으로 조절하여 원하는 현실을 만드는 데 도움을 줄 수 있습니다. 이 방법은 심리적 안정감을 높이고, 자신의 목표에 더 집중할 수 있는 힘을 제공합니다.

다음으로 알려드릴 방법은 '감정 연결'입니다. 원하는 상황과의 감정적 연결을 강화하기 위해서는 일상생활에서 원하는 상황과 관련된 활동에 참여하거나, 성공을 상징하는 물건을 사용하는 것이 좋습니다.

저는 사업 초기에 산 몽블랑 만년필을 항상 옆에 두고 사용합니다. 이런 활동은 무의식에 긍정적인 메시지를 보냅니다. 또한, 우리가 원하는 현실을 끌어들이는 데 도움을 줄 수 있습니다.

감정 연결은 상황, 사람과도 가능합니다. 상황 연결을 위해 목표와 관련된 활동에 참여하세요. 경제적 성공을 원한다면 성공한 사람들이 참여하는 네트워킹 이벤트나 세미나, 워크숍에 참가해 보세요. 이런 활동은 성공적인 환경에 자신을 노출시키고, 성공에 필요한 지식과 기술을 배울 기회를 얻는 데 도움을 줍니다.

원하는 상황을 상징하는 물건을 사용하는 방식도 좋습니다. 성공을 상징하는 고급 필기구나 지갑을 사용하거나, 작업 공간을 전문적으로 꾸며 성공적인 분위기를 조성할 수 있습니다. 이러한 물건들은 매일 보고 사용함으로써 성공에 대한 긍정적인 감정과 이미지를 더욱 강화시킬 수 있습니다. 존경하고 따르고 싶은 롤 모델을 설정하고, 그들이 어떻게 행동하고 어떤 결정을 내리는지 관찰하는 것도 중요합니다. 가능하다면 멘토링을 받거나 직접 소통할 수 있는 기회를 찾아보세요. 없다고 생각하지 말고, 이메일이라도 보내 보세요. 그럼 희박하더라도 가능성이 생깁니다.

문제는 대다수가 시도도 하지 않고, 무조건 안 된다고 생각하는 마음가짐입니다. 롤 모델과 소통하면 좋은 정보를 얻을 수 있다는 장점도 있지만, 노력하면 불가능한 일도 가능하게 만들 수 있다는 걸 배울 수 있기에 꼭 도전해 보길 바랍니다.

마지막 방법은 '비주얼 보드' 제작입니다. 원하는 상황을 시각화하는 것을 넘어, 비주얼 보드를 만들어 보세요. 비주얼 보드는 꿈이나 목표를 상징하는 이미지와 문구들을 판넬이나 벽에 붙여 시각적으로 표현하는 것입니다. 이 보드를 매일 보면서 그 이미지들이 실제 상황처럼 느껴지도록 집중하세요. 비주얼 보드를 만들려면 이미지와 문구를 먼저 수집해야 합니다. 목표와 관련된 이미지와 긍정적인 문구를 수집하세요. 예를 들어, 성공적인 경력을 원한다면 해당 분야에서 성공한 인물의 사진이나, 성취를 상징하는 아이콘, 격려하는 문구 등을 추가할 수 있습니다.

수집한 이미지와 문구는 큰 하드보드지나 벽에 보기 좋게 배열하여 붙입니다. 배열은 본인이 매일 보았을 때 긍정적인 감정을 자극하고, 목표에 대한 동기를 부여할 수 있는 방식으로 설정하세요. 저는 칠판에 목표를 적어 두고 매일 바라봅니다. 비주얼 보드를 자주 볼 수 있는 곳에 두고, 매일 일정 시간을 정하여 보드를 바라보며 각 이미지와 문구에 집중하세요. 이 시간을 통해 각 이미지와 문구가 실제 상황처럼 느껴지도록 시각화하세요. 보드를 보는 동안 각 이미지와 문구에 대한 감정적 연결을 강화하려고 노력하세요. 감사, 행복, 자신감과 같은 감정을 느끼면서 해당 이미지들이 현실화될 것을 상상하세요.

이 과정은 심장 에너지를 활용하여 각 이미지에 대한 감정적 연결을 강화하고, 그 결과로 원하는 상황을 현실로 만드는 자기장을 형성하는 데 도움을 줍니다. 비주얼 보드는 단순한 도구를 넘어서, 우리의 꿈과 목표에 대한 지속적인 집중과 감정적 투자를 가능하게 하여, 이를 현실로 전환하는 데 중요한 역할을 합니다.

이렇게 심장 자기장을 바꾸는 방법을 모두 배웠습니다. 중요한 건 반복입니다. 한 번만 하고 멈추는 게 아니라 최소 세 달 이상 지속해야 효과를 느낄 수 있습니다. 중간에 포기하지 말고 끝까지 실천해 보세요. 그럼 당신도 원하는 상황을 끌어올 수 있을 겁니다.

내가 원하는 현실을 창조하는 법

식물과 동물의 가장 큰 차이점을 무엇일까요? 다양한 요인이 있겠지만, '이동' 유무가 둘을 구별합니다. 식물은 평생 같은 자리에서 뿌리를 내리고 살아가죠. 이와 달리 동물은 행동반경 안에서 움직이며 살아갑니다. 이동은 감정을 낳습니다. 이동할 수 있는 동물은 두려움이나 슬픔을 느끼는 반면 식물은 그런 감정을 뚜렷하게 느끼지 못해요. 물론, 식물도 공포와 같은 감정을 느낄 수 있다고는 하지만 이건 가설일 뿐입니다. 같은 감정 파장을 보인다고 해서 식물이 동물과 같은 감정을 느끼는 건 아닙니다. 이동 반경도 중요합니다. 평생을 100미터 원 안에서 살아가는 동물도 있고, 인간처럼 지구를 넘어 우주까지 이동하는 동물도 있습니다. 그 차이를 이해해야 당신도 현실을 창조할 수 있습니다.

이동과 성장은 정비례 관계입니다. 많은 거리를 이동할수록 더 큰 성장을 하죠. 경험할 수 있는 변수가 다양해지고, 경험치가 많아질수록 빠르게 성장해 나갈 수 있습니다. 과거 사람들은 자신이 살던 마을을 벗어나지 않았습니다. 그러다 보니 세상을 판단하는 기준이 자기 마을 안에서 겪은 경험을 토대로 하죠. 숲에 사는 사람과 바닷가에 사는 사람이 사고하는 방식은 다를 수밖에 없는 이유입니다. 그러다 점점 기술이 발전하기 시작합니다. 바다에 사는 사람도 숲으로 이동할 수 있는 능력이 생기죠. 그만큼 사고 폭도 넓어집니다. 기술은 계속 발전하고 이제 지구상 어디든지 돈만 지불하면 갈 수 있는 세상이 왔습니다. 문제는 의식이 기술 발전 속도를 따라잡지 못한다는 점입니다.

과거에는 이동하지 않는 편이 생존에 유리했습니다. 익숙한 동네에 머물면 새로운 변수를 접할 기회가 줄어들고, 그만큼 상황을 통제할 수 있습니다. 현대 시대는 이동을 하지 않으면 죽습니다. 사회가 빠르게 변화해 나가는데 작은 집단 안에만 머물면 그 속도를 따라잡지 못합니다. 모두가 휴대폰 연구에 집중하고 있을 때 미국에서 스티브 잡스가 스마트폰을 출시하자 수많은 기업이 문을 닫았습니다. 기회도 줄어듭니다. 작은 시골 마을 안에서 직업을 구하는 것보다 전국에서 자신에게 적합한 일자리를 찾는 게 더 성공할 확률이 높습니다. 좋은 직장을 얻거나 사업에 성공하려면 전국적인 시장 수요를 파악해야 하는데 자기가 사는 마을을 기준으로 준비하면 원하는 결과를 얻기 어렵습니다.

이런 물리적인 이동에 어려움을 느낀 건 경험하지 못한 변수 때문이라고 했습니다. 그런 변수를 없앤 게 온라인입니다. 온라인에서는 물리적인 피해를 볼 확률이 없습니다. 즉, 온라인에서 괴한을 만난다고 해도 직접 만나지 않는 이상 신체상 어떤 피해를 줄 수 없는 거죠. 비용도 적게 듭니다. 당신이 미국 도서관에서 원서를 빌려오려면 최소 500만 원 정도 비용이 필요할 겁니다. 이와 달리 온라인 공간에서 같은 원서 전자책 파일을 구하는 건 10만 원도 들지 않습니다. 즉, 이제는 일반인에게도 성공할 수 있는 기회가 열린 겁니다. 정보의 '이동'이 자유로워졌기 때문이죠.

정보 이동이 많아지자 문제가 발생했습니다. 음식물을 필요한 만큼만 섭취하면 건강해지지만 너무 많이 먹으면 비만이 되는 것처럼 정보 과다로 인해 다양한 문제가 발생했습니다. 그중 가장 심한 현상이 '인지 편향'입니다. 인지 편향은 자기주장이 타당하다는 것을 믿기 위해 이를 뒷받침해 줄 정보만 찾는 걸 말합니다. 예를 들어, 내가 보수 성향을 지닌 사람이라면 조선일보나 중앙일보, 동아일보에서 제공하는 기사만 확인하는 겁니다. 커뮤니티도 보수 성향을 지닌 커뮤니티만 방문해 편향적인 시각을 강화합니다. 그런 이유에서 집단 간 갈등이 더 심해지고 있습니다.

더 심각한 문제는 사고가 굳어져 가능성을 줄인다는 점입니다. 분명 더 크게 성공할 수 있는 사람인데 직장인들이 모인 커뮤니티에서만 활동하며 한계를 정합니다. 유리병 속에 벼룩처럼 말이죠. 유리병 안에 있는 벼룩은 병보다 높이 뛸 수 있습니다. 처음에 유리병에 갇히면 벼룩은 자기가 뛸 수 있는 최대 능력치를 발휘해 점프합니다. 그럼 병뚜껑에 부딪히죠. 계속 점프를 반복하던 벼룩은 결국 유리병 높이 만큼만 뜁니다. 한계가 명확하기에 더 높이 뛸 이유가 없었던 거죠. 그렇게 일정 시간을 두고 병뚜껑을 열어줍니다. 자유를 누릴 수 있는 공간이 생겨도 벼룩은 그 병을 나가지 못합니다. 병뚜껑에 부딪힌 기억이 벼룩을 그 안에 가둔 겁니다.

사람도 마찬가지입니다. 어린 시절에는 자기가 가진 능력치를 100퍼센트 발휘하기 위해 노력합니다. 하지만 한국 사회에서 유능함의 기준은 공부입니다. 누군가는 신체적인 능력이 뛰어나고, 누군가는 미술 역량이 뛰어날 겁니다. 어떤 아이는 공부를 잘하겠죠. 모든 영역을 잘하는 사람은 없어도 분명 한 가지 영역에는 흥미를 느끼거나 좋은 능력을 가지고 태어납니다. 어린아이 중에 호기심이 없는 아이가 없다는 사실만 살펴봐도 인간은 선천적으로 '배움'의 욕구가 강하다는 걸 알 수 있습니다. 다만, 흥미 영역이 각기 다를 뿐이죠. 거미를 좋아하는 사람에게 거미는 사랑의 대상이지만, 거미를 싫어하는 사람에게는 공포의 대상입니다. 본질은 같은데 개인 성향에 따라 평가가 달라집니다.

근데 한국 사회를 보면 거미를 싫어하는 사람에게 거미를 키우라고 강제하는 듯해 보입니다. 체육을 잘하는 사람에게도 공부하라 하고, 미술을 잘하는 사람에게도 공부를 강제합니다. 공부는 새로운 분야를 탐구하기보단 출제자의 의도를 파악하는 능력을 키우는 데 집중합니다. 대다수가 암기하죠. 그런 이유에서 한국 학생들은 자신이 잘하는 걸 찾기보단 무작정 좋은 대학에 가기만을 위해 노력합니다. 좋은 대학 여부와 상관없이 그 이후는 직장 생활을 합니다. 직장에서는 본인이 원하지 않은 일을 하면서 살죠. 더 큰 문제는 행동반경이 제한된다는 점입니다. 집과 직장에서 90퍼센트 이상 시간을 보내기에 더 큰 생각을 하기 어렵습니다. 내 강점에 맞는 일을 찾기 위해 도전할 생각조차 못합니다.

이런 상황에서 벗어나려면 일상에서 이동해야 합니다. 과거에는 이런 이동에 제약이 있었지만 현대 사회에서는 온라인에서 수많은 성공한 사람들 삶을 경험할 수 있습니다. 저 역시 첫 시작은 제가 되고 싶은 사람을 한 명을 정한 다음 그 사람이 만든 영상을 반복 시청하였습니다. 자주 보면서 어떤 생각을 하고 있는지 배울 수 있었습니다. 추가로 직접 만나자고 연락해 실제로 만난 사람도 있었습니다. 그가 어떻게 성공할 수 있었는지 배웠고, 지금도 좋은 관계를 유지하고 있습니다. 이에 더해 오프라인 강연도 많이 다녔습니다. 조금만 찾아보면 무료로 들을 수 있는 좋은 강연이 많습니다. '무크Mooc'가 대표적인 사례죠. 해외 유명 대학 강의를 무료로 들을 수 있는 사이트인데 대학을 졸업하지 않아도 대학생 수준으로 지식을 습득할 수 있습니다. 유명 온라인 강사들이 무료 특강도 자주합니다. 저는 기회가 있을 때마다 그런 강연에 참석해 개인 강의도 들었습니다.

더 중요한 건 실행입니다. 최근 사람들을 살펴보면 정보 습득에 지나치게 몰입합니다. 우리가 고시 준비를 하는 게 아닌데 3시간 넘게 공부에 집중하죠. 열심히 공부한다고 해도 실제 사업은 다릅니다. 축구 강의를 듣는 것과 실제로 축구공을 차는 건 차이가 있듯이 사업 지식을 터득하는 것과 실제 사업을 하는 건 차이가 큽니다. 그런 이유에서 어설프더라도 실제 현장에 나와 공을 차봐야 합니다. 그러다 보면 내가 어떤 부분이 문제인지 발견할 수 있습니다. 해당 부분만 집중적으로 학습하면서 전문성을 키워 나가다 보면 어느새 목표했던 지점에 도착해 있음을 깨달을 겁니다.

공부 중독에서 벗어나야 성공합니다. 여기까지 읽으셨다면 당신이 어떤 목표를 가지고 있고, 그 목표를 실행하기 위해 지금 당장 어떤 행동을 할 수 있을지 노트에 적어보세요. 최소 세 개 이상 적어 보길 바랍니다. 실행 목록을 적었다면 내일로 미루지 말고 바로 시작해 보세요. '오늘은 책을 열심히 읽고, 내일부터 실행해야지.'라는 생각으로는 좋은 결과를 만들기 어렵습니다. 내일은 또 그다음 날로 미룰 가능성이 높기 때문이죠. 찬물로 뛰어들기 전에는 무섭지만 막상 찬물 안에 들어와 30초만 서 있으면 더 이상 고통스럽지 않습니다. 얼마나 차가울지 두려워하는 그 순간이 제일 힘들죠. 사업도 마찬가지입니다. 시작할지 말지 고민할 때가 가장 힘들지 막상 시작하면 생각보다 쉽게 성공할 수 있습니다.

물질을 넘어 본질을 바라보는 방법

본질이란 무엇일까요? 제가 생각하는 본질이란 상황에 따라 변하지 않는 요인입니다. 이런 본질을 명확히 파악해야 성공할 수 있습니다. 온라인 사업 세계에서 본질은 콘텐츠입니다. 근데 본질보다는 수단을 강조하는 사람들이 많죠. 블로그만 하면 성공할 수 있거나, 유튜브만 하면 월 1,000만 원 벌 수 있다는 말이 얼마나 공허한지 본질만 생각해 보면 알 수 있습니다.

유튜브를 해서 큰돈을 번 사람이 있다고 가정해 봅시다. 그 사람은 유튜브에 영상을 올렸기 때문에 돈을 많이 번 게 아닙니다. 유튜브 콘텐츠가 좋아서 사람들이 많이 시청했고, 이에 따라 수익이 발생한 겁니다. 블로그도 마찬가지입니다. 블로그를 했기에 성공한 게 아니라 블로그에 좋은 콘텐츠를 올렸기에 좋은 결과를 얻은 겁니다. 본질을 파악할 수 있는 능력이 결국 성공을 결정하는 이유기도 합니다.

우리가 살아가는 세상의 본질은 원자입니다. 당신의 몸과 필자도, 책상과 볼펜 등 지구 상에 존재하는 모든 물질은 원자로 이뤄져 있습니다. 별도 원자로 만들어졌죠. 빅뱅이 발생한 후에 만들어진 모든 물체는 결국 원자로 이뤄져 있다는 사실을 알면 세상을 바라보는 시각이 달라집니다. 나만 중요한 게 아니라 타인도 중요하고, 세상 만물을 소중하게 생각하게 여기게 됩니다.

제가 사업 초반에 만났던 한 사업가가 있었습니다. 그는 한 분야에서 인기를 끌고 있었고, 당시에는 사업도 잘 운영하고 있었어요. 근데 몇 마디 대화를 해보니 그는 저를 사람이 아닌 도구로 대하고 있다는 느낌을 강하게 받았습니다.

어떻게 하면 이 사람을 이용할 수 있는지, 그것만 몰두하는 모습을 보며 그 사람에 관한 신뢰를 잃었죠. 다른 사람도 저와 같이 느꼈는지 그가 하던 사업은 빠르게 내리막길을 걸었어요. 다른 사업가들도 마찬가지였습니다. 고객을 도구로만 생각하는 사람은 서비스를 제공할 때 효율성만 생각했고, 많은 사람에게 상처를 주고 있었어요. 타인을 도구로 취급하는 사업가는 대다수가 성장에 한계가 있었죠. 이와 달리 고객을 소중하게 생각하는 사업가도 있었어요. 서비스 제공 범위를 넘어서더라도 고객을 위해서라면 자신의 시간을 희생할 줄 알았죠. 왜 저렇게까지 하는지 의아해 했는데 장기적으로는 크게 성공했습니다.

해당 사례에서 볼 수 있듯이 타인에게 진심으로 대하는 능력이 사업 성장에 큰 영향을 미칩니다. 근데 이런 마음은 한순간에 쉽게 얻어지는 게 아니지요. 결심한다고 해서 갑자기 타인에게 진심으로 대하기도 어렵죠. 이런 마음을 갖지 못하는 이유는 타인과 나를 분리하기 때문이에요. 나와 남은 다르니까 내가 가장 소중하다고 생각하는 거죠. 사실 타인과 나는 같은 물질에서 비롯된 같은 존재임을 깨닫는 게 중요합니다. 그럼 자연스레 타인을 위해 내 시간과 노력, 자원을 주는 삶을 살아갈 수 있어요. 흔히 말하는 기버의 삶이죠.

기버가 되면 다양한 이점이 있어요. 우선, 정신 건강에 좋습니다. 레이첼 피페리Rachel Piferi와 캐서린 롤러Kathleen Lawler가 연구에 따르면 기부는 스트레스를 줄이고, 우울증을 퇴치하며, 행복을 가져올 수 있는 것으로 나타났습니다. 다른 사람을 도우면 개인은 행복감에 이어 더 오랫동안 평온함을 느낄 수 있는 '헬퍼스 하이 helper's high'를 경험할 수 있습니다. 이는 뇌의 천연 진통제인 엔돌핀의 방출로 인해 발생합니다. 신체 건강에도 좋은 영향을 미쳐요. 연구에 따르면 자신의 시간이나 자원을 다른 사람에게 제공하는 사람들은 통증이 적고 혈압이 낮아지며 수명이 길어지는 경향이 있습니다. 이러한 이점은 스트레스 감소와 관대한 행동에 수반되는 긍정적인 감정 상태 덕분에 생겨납니다.

사업에도 긍정적인 효과가 많습니다. 이타심이 강한 사람은 고객을 위해 더 많은 노력을 기울입니다. 그만큼 충성 팬층이 강해지고, 인지도도 빠르게 높아집니다. 사업은 결국 사람들과의 좋은 관계에서 시작됩니다. 고객과 어떤 관계를 만드는지에 따라서 그 사업의 수명이 정해지죠. 저도 고객 한 사람 한 사람에게 집중하기 위해 컨설팅을 매달 정해진 인원만 받고 있어요. 너무 많은 사람을 대상으로 컨설팅을 진행하면 개인마다 투자할 수 있는 시간이 줄어들기에 스스로 한계점을 정해둡니다. 단기간에 많은 수강생을 유치하는 것보다는 한 명이라도 꼭 성공시키는 게 더 중요하다는 걸 알기에 정한 규칙이죠. 당신도 어떤 사업을 하든 성공하려면 이런 이타적인 마음가짐으로 진행해야 합니다.

이타심을 키울 수 있는 가장 쉬운 방법은 '무조건적인 친절함'이에요. 저는 매주 최소 한 명을 정한 다음 아무것도 바라지 않고 친절함을 베풀어요. 그 사람이 진심으로 잘됐으면 하는 마음에 특정한 행동을 하는 거죠. 그 대상은 가족이 될 수도 있고, 다른 사람이 될 수도 있습니다. 최근에는 매일 길에 앉아 수세미를 파는 할머니에게 아무런 이유 없이 5만 원을 건넸어요. 저는 아무것도 안 줘도 된다고 말했지만 꼭 가져가라고 하면서 노란색, 파란색, 붉은색 수세미를 건네셨죠. 직접 만든 거 같았는데 지금도 소중하게 보관하고 있습니다. 택시를 타려다 비용이 없어서 무거운 짐을 들고 걷던 분을 위해 택시를 잡고, 비용을 대신 지불하기도 했죠. 이런 행동들을 반복하다 보니까 다른 사람과 교류할 때도 좀 더 따뜻한 태도와 마음가짐이 생기더군요. 당신도 주변에 보이는 사람들 대상으로 이유 없는 친절함을 베풀어 보세요. 그럼 지금까지 느끼지 못했던 행복감을 느낄 수 있을 거예요. 또, 사람을 대하는 태도도 많이 바뀔 겁니다.

또 다른 방법은 소설 읽기입니다. 1인칭으로 쓰인 소설을 읽으면 공감력을 빠르게 높일 수 있어요. 내가 아닌 소설 속 주인공 관점에서 세상을 바라볼 수 있는 기회를 얻기 때문이죠. 분야는 상관없지만 가능하면 다양한 환경에 놓인 주인공 이야기를 읽어보세요. 의사, 변호사부터 중세 시대 사람, 부자, 심지어는 동물까지 각각 다른 상황에 처한 주인공 이야기를 읽다 보면 어떤 위치에 있는 사람이든 이해할 수 있게 됩니다. 예전에는 '아, 저 사람 왜 저러지?'라고 생각했다면 소설책을 읽은 후에는 '저렇게 행동하는 이유가 있겠구나.'라는 관점으로 누구나 이해할 수 있을 거예요. 소설책 중 어떤 걸 읽어야 할지 모르겠다면 '더글라스 케네디', '기욤 뮈소' 작가 책부터 읽어보세요. 개인의 심정을 잘 표현한 작품이라서 공감력을 빠르게 키울 수 있을 거예요. 이런 작은 노력들이 세상을 바라보는 시각을 바꾸고, 당신의 삶을 변화시킬 겁니다.

의식을 개조해 원하는 결과를 얻자

혹시 마블 영화를 좋아하나요? 다양한 히어로들이 나와 지구를 구하는 이야기가 주를 이룹니다. 〈캡틴 아메리카〉, 〈아이언맨〉 등 다양한 영웅이 존재하지만 그중 〈닥터 스트레인지〉 설정이 가장 흥미로웠어요. 아이언맨이 근현대적인 과학을 대표하는 인물이라면 닥터 스트레인지는 양자물리학적인 현상을 잘 설명해주는 영웅입니다. 영화를 살펴보면 닥터 스트레인지는 특정 순간에 중요한 결정을 내리게 됩니다. 예를 들어, 〈어벤져스: 인피니티 워〉에서 그는 14,000,605가지의 가능한 미래 중에서 단 하나의 승리할 수 있는 미래를 찾아내죠. 이 과정에서 그는 각각의 가능성을 고려하고, 결국에는 최선의 결과를 얻을 수 있는 하나의 행동 경로를 선택합니다. 이는 마치 양자 중첩 상태가 하나의 상태로 '붕괴'

되는 것과 유사하며, 스트레인지의 결정은 이 중첩 상태의 붕괴를 대표합니다.

실제 양자역학에서는 입자가 여러 위치에 동시에 존재할 수 있고, 이 상태는 입자가 관찰되는 순간 하나의 위치로 정해집니다. 그 개념이 바로 '양자 중첩'입니다. 이것은 입자가 하나의 명확하고 고정된 위치를 가지기보다는 여러 가능성을 동시에 지닌다는 의미입니다. 이 현상은 우리의 일상적인 경험과 매우 다르며, 양자 세계의 독특한 특성 중 하나입니다. 입자의 위치를 예시로 살펴보겠습니다. 일반적인 물리학에서, 물체는 항상 정확한 위치에 있습니다. 예를 들어, 테이블 위의 컵은 그 테이블 위의 특정 지점에만 존재합니다. 하지만 양자역학에서는 입자가 '중첩' 상태에 있을 수 있기 때문에 이 입자는 여러 위치에 동시에 존재할 수 있습니다. 이는 그 입자가 어느 한 지점에만 있는 것이 아니라, 여러 위치에 확률적으로 '퍼져' 있음을 의미합니다.

양자 중첩의 또 다른 중요한 개념은 '중첩 상태의 붕괴'입니다. 입자의 위치를 측정하려고 할 때, 이 중첩 상태는 붕괴되어 입자는 단 하나의 명확한 위치를 갖게 됩니다. 이 과정은 '측정'이라는 행위에 의해 발생합니다. 예를 들어, 어떤 전자가 동시에 여러 경로를 따라 움직일 수 있다고 가정해 보겠습니다. 이 전자의 경로를 측정하는 순간, 전자는 하나의 경로를 선택하여 나타나게 되며, 다른 모든 가능성은 사라집니다. 이러한 현상은 '코펜하겐 해석'에서 중요한 부분을 차지하며, 관찰자의 역할을 강조합니다. 관찰자가 입자를 측정하거나 관찰하는 순간, 입자의 상태는 하나의 확정된 결과로 '붕괴'되고, 이는 우리가 입자의 위치를 정확하게 알 수 있게 합니다.

이와 관련한 또 다른 이론은 'Orch OR 이론Orchestrated objective reduction theory, 조화객관환원이론'입니다. 이 이론에 따르면, 우리 뇌 속에는 아주 작은 튜브 모양의 구조물인 '미세소관'이 있습니다. 이 미세소관은 뇌세포의 일부로, 뇌의 기능을 돕는 중요한 역할을 합니다. 세포 안에 긴 관이 있는데 그 관을 미세소관이라고 생각하면 이해하기 쉽습니다. 근데 이 관 안에는 다양한 현실을 만들어낼 수 있는 가능성이 있는데 우리가 의식적으로 선택함으로써 다른 가능성은 사라지고 우리가 선택한 현실만 눈앞에 나타납니다. 중첩 상태가 어떤 특정한 순간에 '붕괴'되면서 의식이 발생한다고 제안하는 게 Orch OR 이론의 핵심이죠. 결정을 내리거나, 무언가를 느끼거나, 생각을 형성하는 순간에 현실이 만들어집니다.

결국 우리 눈앞에 보이는 현실은 스스로가 만들어낸 결과물입니다. 상상이 현실을 만든다는 말이 사실인 이유기도 하죠. 당신 주변만 살펴봐도 과거에는 상상 속에서만 존재했던 일들이 일어나고 있다는 사실을 발견할 수 있을 겁니다. 아파트나 비행기 모두 누군가의 상상이 현실로 구현된 결과물들이죠. 이 사실을 깨달으면 내가 어떻게 사고를 하는지가 정말 중요하다는 사실을 알 수 있습니다.

근데 대부분 사람은 미래에 대한 부정적인 생각만 주로 합니다.

어떤 일을 시작하면 그 일이 안 될 상황을 먼저 걱정하고, 직장 생활을 해도 담당 프로젝트가 잘못될 생각을 합니다. 한 연예인이 그런 말을 하더군요. 걱정이라는 물이 몸속에 가득 차 있는데 밤에 자기 위해 누우면 그 물이 머릿속으로 흘러 들어가 가득 채운다고요. 일반인이 겪는 상황을 표현한 좋은 비유였다고 생각해요.

이런 상황을 바꿀 수 있는 좋은 방법은 실패를 간접 경험하는 겁니다. 저는 두려운 상황이 생기면 항상 그 상황을 그려낸 책을 읽어요. 소설책이라도 읽습니다. 그리고 걱정하는 상황에 처했을 때 어떤 일이 발생했는지 살펴봐요. 그 후 주인공이 위기 상황을 어떻게 극복하는지 봅니다. 보통 책들은 문제 상황이 발생하면 주인공이 해결책을 마련하고, 위기를 이겨 냅니다. 그런 과정들을 간접적으로 체험함으로써 저도 같은 상황에 처했을 때 이겨 낼 수 있을 거라는 믿음과 용기를 얻습니다. 지금 사업을 준비하고 있다면 퇴사 후 어떤 상황에 처할지 몰라 무서울 거예요. 그땐 사업가들이 퇴사 후 어떤 상황에 처하는지 그려낸 책을 살펴 보세요. 영상도 좋습니다.

깊이를 모르는 물에 뛰어들면 두렵지만 어느 정도 깊이일지 예상할 수 있으면, 마음만 먹으면 언제든지 점프할 수 있어요. 사업과 같은 새로운 도전도 마찬가지입니다. 사업만 하면 무조건 망할 거라는 주변 사람들의 걱정이 얼마나 비현실적인 건지 사업가들이 쓴 책 한 권만 읽어봐도 알 수 있어요. 물론, 초반에 실패는 하겠죠. 그건 어쩔 수 없는 과정입니다. 처음부터 끝까지 성공만 할 순 없거든요. 사업 천재가 와도 그건 불가능합니다.

다만, 실패 상황에 처했을 때 극복해 나갈 힘만 있다면 당신이 지금 어떤 상황에 있든 성공할 수 있을 거예요. 저 역시 수능 5등급 성적을 얻을 정도였지만, 월 1,000만 원 이상 버는 사업체를 운영하고 있습니다. 걱정은 그만하고 롤모델을 찾아보세요. 그럼 당신도 원하는 위치에 오를 수 있을 겁니다.

뇌 가치 상승: 지능을 높여 인생 역전하는 비결

어린 시절부터 머리 좋은 사람에 대한 막연한 동경이 컸습니다. 어떤 일을 해도 빠르고, 정확하게 처리하는 그들을 보면서 부러움을 느꼈죠. 제 사촌 동생도 지능이 높은 사람 중 한 명이었습니다. 어린 시절부터 영어를 빠르게 익혔습니다. 시험 성적도 항상 최상위권을 유지할 정도로 높았어요. 그러다 보니 매번 평균 70점도 간신히 넘기는 저와 비교했습니다. 쉬운 영어 단어 발음조차 하지 못했으니 당연했죠. 사촌 동생을 보면서 생각했어요. '사람은 선천적으로 머리가 좋아야 성공하는구나.' 서울에 있는 명문대학교까지 진학하는 모습을 보며 20대 초반까지는 지능은 선천적이라는 믿음을 가지고 있었어요. 노력해도 지방대학교에 진학한 저와 명확한 차이가 있었어요.

그런 생각이 바뀐 건 편입 성공 이후에요. 아버지는 호주에 워킹홀리데이를 가겠다는 저를 말리고, 필리핀으로 유학을 보냈습니다. 그게 신의 한 수였죠. 필리핀 어학원에서는 일대일로 원어민 강사에게 영어 수업을 받을 수 있었어요. 처음 본 실력 평가에서 TOEIC 점수 400점을 얻었는데 한 달 후에는 865점을 기록했어요. 열심히 공부만 한 건 아니었는데, 계속 영어만 쓰다 보니까 실력이 빠르게 늘었습니다. 혹시 영어 때문에 고민이 큰 분들에게는 필리핀 어학연수를 강력히 추천합니다. 한 달만 다녀와도 실력에 큰 변화가 있습니다.

근데 진짜 어려움은 대학 입학 후 생겨났죠. 공부를 잘하는 학생들이 많아 높은 학점을 얻기 어려웠어요. 운 좋게 언론정보학과에 입학했는데 공부 잘하는 학생들만 모여 있었던 거죠. 고민 끝에 무작정 필사를 하기 시작했어요. 중학교 때 일기 쓴 게 마지막이었던 글쓰기 실력을 높이기 위해 선택한 방법이었죠. 처음에는 아무 글이나 따라 쓰다가 신문 기사 중에서 칼럼 영역에 있는 글들을 베껴 쓰기 시작했어요. 하루에 칼럼 하나씩 필사하다 보니 어떤 문장이 좋은 문장인지 깨달았어요. 좋은 글과 나쁜 글을 구별할 수 있는 안목도 생겼죠. 필사할수록 글쓰기에 대한 관심이 커졌고, 글을 잘 쓰기 위해 다양한 서적을 읽었어요. 그게 제 삶에서 터닝포인트로 작용했어요.

독서를 하면 할수록 더 많은 책을 읽고 싶었어요. 책 안에는 수

많은 인용 서적 이름이 적혀 있었기에 연결해서 계속 읽었어요. 한 분야에 대해 관심이 생기면 그 분야에 대해 추가로 서적을 읽는 방식으로 독서하다 보니 끝이 없었죠. 예전에는 가기 싫었던 도서관이 편입 후에는 뷔페처럼 느껴졌어요. 뷔페에 가면 맛있는 음식이 끝도 없이 많아서 뭘 먹어야 할지 고민하는 경우가 있잖아요. 도서관에서는 너무 많은 유용한 책들이 있어서 도대체 어떤 걸 먼저 읽어야 할지 모르겠더라고요. 공부할 시간도 아깝게 느껴질 정도로 책을 읽는 게 재밌었어요. 버스나 지하철에서도 계속 독서를 이어갈 정도로 많은 책을 봤어요.

그러자 주변에서 저에게 똑똑하다는 말을 하기 시작했어요. 어떻게 이렇게 말을 논리 정연하게 하는지 묻는 사람도 있었고, 제가 낸 아이디어를 칭찬하는 사람도 많았죠. 실제로 졸업할 때는 제가 성적 우수상부터 우수 학생상까지 모두 받을 정도로 능력을 인정받았어요. 그럴 수 있었던 가장 큰 원인이 독서라고 생각해요. 책을 읽으면 지능이 높아지는 이유를 과학적으로도 설명할게요.

독서를 통해 우리는 새로운 정보를 처리하고 이해하는 과정에서 두뇌의 다양한 영역을 활성화하게 됩니다. 두뇌의 신경 세포 간의 연결을 강화하고 새로운 신경 경로를 형성하게 도움을 주죠. 이런 과정을 '신경 가소성'이라고 합니다. 신경 가소성은 우리 두뇌가 경험을 통해 구조와 기능을 변화시키는 능력을 의미합니다. 신경 가소성 덕분에 두뇌는 끊임없이 적응하고 성장할 수 있습니다.

또한, 독서는 인지 유연성을 향상시킵니다. 인지 유연성은 다양한 과제나 상황에서 효과적으로 전환하고 적응하는 능력을 말합니다. 독서를 통해 우리는 다양한 관점과 생각을 접하게 되며, 사고방식을 유연하게 만듭니다. 예를 들어, 소설을 읽으면서 우리는 등장인물의 감정과 행동을 이해하고, 역사서를 읽으면서는 과거 사건들을 통해 현재를 바라보는 시각을 넓힐 수 있습니다.

인지 부하 이론도 알아볼게요. 해당 이론은 새로운 정보와 기존 지식을 균형 있게 조절하여 학습과 기억을 최적화할 수 있는 방법을 설명합니다. 이 이론에 따르면, 우리의 작업 기억 용량은 한정되어 있어 한 번에 처리할 수 있는 정보의 양이 제한됩니다. 따라서, 학습 과정에서 과도한 정보가 주어지면 인지 부하가 증가하여 학습 효과가 떨어질 수 있습니다.

독서는 인지 부하를 조절하는 데 도움을 줍니다. 예를 들어, 독서를 통해 새로운 정보를 접할 때 기존 지식과 연결 지어 이해할 수 있습니다. 이는 새로운 정보를 더 쉽게 기억하고, 나아가 학습 효과를 극대화할 수 있도록 돕습니다. 결론적으로, 독서는 두뇌의 신경 가소성을 촉진하고 인지 유연성을 향상시키며, 인지 부하를 효과적으로 관리하여 학습과 기억을 최적화하는 데 중요한 역할을 합니다. 독서를 통해 우리는 두뇌를 계속해서 자극하고 발전시킬 수 있으며, 이를 통해 보다 나은 인지 기능과 학습 능력을 유지할 수 있습니다. 실질적으로 지능을 높이는 가장 쉬운 방법이 독서이기에 당신에게도 책을 읽기를 추천합니다. 그럼 독서량을 높일 수 있는 방법을 알아볼게요.

제가 가장 추천하는 방법은 글쓰기와 독서 융합입니다. 독서를 꾸준히 하려면 목표가 명확해야 해요. 어떤 주제로든 글을 쓰기 시작하면 내가 부족한 부분이 보일 거고, 그 부분을 충족시키기 위해 독서를 자연스레 할 거예요. 독서를 한 후에 글을 쓰면 내용이 풍부해진 걸 눈으로 확인할 수 있기에 또 다른 책을 읽을 힘을 제공합니다.

가장 쉽게 글을 쓸 수 있는 플랫폼은 블로그입니다. 블로그에 자유롭게 글을 써보세요. 책 선택도 중요합니다. 처음에는 무조건 읽기 쉬운 책을 고르셔야 해요. 남들이 좋다고 해서 읽기 힘든 책을 선택하면 중도 포기할 확률이 높습니다. 미스터리나 로맨스 소설, 자서전, 유명 인물의 이야기, 그리고 입문서 등이 좋습니다. 흥미를 끌 수 있는 주제의 책을 선택하면 독서에 대한 흥미와 동기가 자연스럽게 생깁니다. 독서에 익숙해지면 난이도를 높여가며 다양한 장르의 책을 읽어보세요. 예를 들어, 과학, 철학, 역사 등의 비문학 책이나 고전 문학을 읽기 시작할 수 있습니다. 이렇게 단계적으로 난이도를 높이면 독서 습관을 지속해서 유지할 수 있고, 지적 성장도 이룰 수 있습니다.

〈가독성이 독서 참여도와 동기 부여에 끼치는 영향•〉 논문 내용을 살펴보면 초반에 읽기 쉬운 책을 선택했을 때 독서를 지속해서 할 확률이 높다는 사실을 알 수 있습니다. 연구에서는 여러 실험

• 〈The Effects of Readability on Reading Engagement and Motivation〉 (브라운 외 Brown et al., 2018년)

을 통해 난이도에 따른 독서 참여율과 독서 후의 만족도를 측정하였으며, 읽기 쉬운 책을 읽는 그룹이 독서에 더 많이 몰입하고 높은 만족도를 보였다는 결론을 내렸습니다. 이는 특히 독서 습관이 아직 형성되지 않은 사람들에게 효과적입니다.

또한, 쉬운 책을 읽는 것이 독서의 즐거움을 느끼게 하고, 이는 자연스럽게 더 많은 책을 읽고자 하는 욕구로 이어진다고 설명합니다. 연구자들은 이러한 방법이 특히 청소년이나 성인 독서 초보자들에게 유용하다고 강조합니다. 지금까지 이야기한 방법으로 꾸준히 독서하다 보면 당신도 지능을 쉽고, 빠르게 높일 수 있을 겁니다.

기존 패러다임에서
벗어나 압도적인
결과물 만들기

"나는 왜 이렇게 살아야 하지?"

이 질문이 제 삶을 바꿨습니다. 누구나 월요일부터 금요일까지 직장 생활을 합니다. 가장 좋은 시간대인 오전 9시부터 오후 6시까지 일을 하죠. 직장생활을 할 때는 '칼퇴근'을 할 수 있다는 사실에 감사했습니다. 당연히 저녁 6시에 퇴근하는 게 정상인데 그렇지 않은 게 일반적이다 보니 계약서에 적힌 내용대로 퇴근할 수 있다는 부분에 만족감을 느꼈죠.

또한, 누구나 아침부터 저녁까지 주 5일을 근무하니까 당연히 저도 그렇게 해야 한다고 믿었어요. 그게 학교 입학 후부터 성인이 된 이후까지 살아온 모습이니까요. 평범함이라는 이름 아래 비정상적인 생활 패턴에 적응했고, 불만조차 품지 못했습니다.

그러던 어느 날, 주 5일 근무한다는 사실에 의문을 품기 시작했어요. 인간의 인생이 100살도 못살 정도로 짧은데 80퍼센트 시간을 싫어하는 사람과 싫어하는 공간에서 보내야 한다는 게 답답하게 느껴졌죠. 정상이라고 믿었던 현실을 다르게 보기 시작한 겁니다. 즉, 패러다임을 전환하기 시작한 거죠. 패러다임은 단순한 예시나 패턴 이상의 의미를 가집니다. 우리가 세상을 바라보는 방식, 결정을 내리는 기준, 그리고 행동하는 방식까지 정의합니다. 과거 패러다임은 우리 시야를 좁히고 가능성을 제한했습니다. 현재 당신이 속한 분야에서 어떤 패러다임이 지배하고 있는지 생각해 보세요. 교육, 비즈니스, 기술 등 모든 분야에는 널리 퍼진 패러다임이 존재합니다.

예를 들어, 전통적인 교육 시스템은 수동적인 암기형 학습자를 양성하는 데 집중해 왔습니다. 그러나 최근 몇 년간 이를 탈피하고자 하는 움직임이 일고 있습니다. 역사 속에서 기존 패러다임을 고수한 결과 실패로 이어진 사례도 무수히 많습니다. 코닥은 디지털 사진 기술을 무시한 채 필름 카메라에 집착하다 결국 시장에서 뒤처지고 말았습니다.

반면, 패러다임을 뛰어넘은 사람들은 놀라운 성과를 거두었습니다. 일론 머스크는 전통적인 자동차 산업의 틀을 깨고 전기차 시장을 개척함으로써 테슬라를 성공시켰습니다. 그의 성공은 기존의 한계를 뛰어넘는 것이 얼마나 중요한 지를 보여줍니다.

성장 마인드셋을 가진 사람들은 실패를 두려워하지 않고 도전과 학습을 통해 자신을 끊임없이 발전시킵니다. 스탠포드 대학교의 심리학자 캐롤 드웩Carol S. Dweck의 연구에 따르면 이런 마인드셋은 성공에 큰 영향을 미친다고 합니다. 드웩 박사는 사람들의 마인드셋을 크게 두 가지로 분류했습니다. 고정 마인드셋과 성장 마인드셋이 그 주인공입니다. 고정 마인드셋을 가진 사람들은 자기 능력과 지능이 타고난 것으로 고정되어 있다고 믿습니다. 이들은 실패를 개인적인 한계로 받아들이고, 도전을 회피하며, 비판을 개인적인 공격으로 받아들입니다. 고정 마인드셋은 성장을 저해하고, 새로운 기회에 대한 두려움을 증가시키죠.

반면, 성장 마인드셋을 가진 사람들은 자신의 능력과 지능이 노력과 학습을 통해 향상될 수 있다고 믿습니다. 이들은 실패를 학습과 성장의 기회로 여기며, 도전을 즐기고, 비판을 발전의 도구로 활용합니다. 성장 마인드셋은 긍정적인 변화와 발전을 촉진하며, 장기적으로 더 큰 성공을 가져다줍니다. 드웩 박사의 연구는 학생, 운동선수, 기업가 등 다양한 그룹에서 이루어졌으며, 성장 마인드셋을 가진 사람들이 더 높은 성과를 내고, 어려움을 극복하는 데 더 뛰어난 능력을 발휘한다는 것을 보여주었습니다.

그가 진행한 한 실험을 살펴보면 이해하기 더 쉽습니다. 실험에서는 학생 두 그룹에 문제를 해결하도록 했습니다. 고정 마인드셋을 가진 학생들은 어려운 문제를 만났을 때 쉽게 포기했지만, 성장 마인드셋을 가진 학생들은 지속적으로 문제를 해결하려는 노력을 기울였습니다. 개인 능력과 상관없이 태도가 성공을 결정하는 이유기도 합니다.

성장 마인드셋을 지녀야 기존에 본인이 지닌 패러다임을 변화시킬 수 있습니다. 미래는 고정적이지 않고, 개인의 힘으로 바꿀 수 있다는 믿음이 있어야 완전히 다른 사고 체계를 형성할 수 있습니다. 그럼 이런 성장형 마인드셋을 키울 수 있는 구체적인 방안을 알아보겠습니다.

첫 번째로 추천하고 싶은 방법은 '한계 넘어서기' 훈련입니다. 가장 어려워하거나 두려워했던 활동을 메모장에 적은 다음 매주 하나씩 실행에 옮겨보세요. 대중 앞에서 말하는 게 어렵다면 인터넷 방송 라이브를 진행해 보는 겁니다. 아무도 들어오지 않더라도 일단 시작한 다음 사람들이 들어오면 말하는 연습을 해보세요. 유튜브 크리에이터 중에서 자신이 성공할 거라고 믿고 시작한 경우는 없습니다. 기대도 안 했는데 대박을 낸 사례가 더 많죠. 이렇게 새로운 도전을 반복하다 보면 자기도 몰랐던 능력을 찾을 수 있습니다.

두 번째 방법은 실패를 축하하는 시간을 갖는 겁니다. 다양한 도전을 해본 다음에 실패하면 그때마다 축하하는 시간을 가지세요. 유튜브 채널을 운영하다가 실패했으면 주변 사람들과 함께해도 좋고, 혼자서라도 기념하세요. 보통은 성공해야 보상을 주는데 역으로 실패했을 때 자신에게 선물을 주는 겁니다. 그럼 실패가 두려움의 대상이 아니라 오히려 긍정적으로 다가와서 좀 더 다양한 일들에 망설임 없이 도전할 수 있습니다. 실패하려면 도전해야 합니다. 그 자체로 의미가 있다는 사실을 기억해야 합니다. 도전을 반복하다 보면 실제로 변화하는 부분을 확인할 수 있고, 성장형 마인드셋을 형성하는 데 큰 영향을 미칩니다.

다만, 실패했을 때는 반드시 그 이유를 기록해 두세요. 실패 노트에 내용이 쌓일수록 더 크게 성장할 수 있습니다. 저도 실패 노트를 한 권 완성할 시점에 목표했던 일을 이룰 수 있었습니다.

최종적인 목표는 유지하되 실패했을 때를 기념하며 계속 도전을 이어 나가면 언젠가는 원하는 목적지에 도달할 수 있습니다. 실패가 누적될수록 더 큰 성공을 할 수 있습니다. 99번 실패해도 한 번만 성공하면 큰 성과를 얻을 수 있음을 기억하고 끝까지 도전을 이어 나갔으면 합니다. 포기 없는 실패가 모든 성공의 비결입니다. 그걸 몸소 증명한 사람은 많지만 저는 '뉴진스님' 윤성호 개그맨의 이야기가 가장 기억에 남습니다. 그가 대박 나기 바로 직전에 코로나19로 인해 경제적으로 큰 어려움을 겪었어요. 힘든 상황을 극복하기 위해 유튜브 채널 운영을 시작했죠. 수입이 부족해도 성공할 거라는 믿음 하나로 돈과 시간을 계속 투자했어요. 그러다 보니 광고도 들어오고, 조회수도 높아졌죠.

크게 성공하기 직전에 그가 운영한 채널이 해킹 당합니다. 새벽에 확인한 본인 채널 사진에 다른 사람 얼굴이 있었죠. 얼마 후에는 채널이 완전히 사라졌어요. 노력이 물거품이 된 거죠. 큰 실패 후에 윤성호 씨는 책상 밑에 들어가서 숨어 있을 정도로 큰 우울감에 빠졌어요. 그렇게 힘든 상황 속에서 그는 '아침이 오기 직전이 가장 어둡다'는 믿음으로 뉴진스님이라는 캐릭터를 만들고 재도전합니다. 결국, 〈유 퀴즈 온 더 블럭〉에 나올 정도로 크게 성공했죠. 윤성호씨가 한 말 중에서 "살아보면 다 살아진다."라는 말이 있습니다. 그 말을 사업에도 적용할 수 있다고 생각해요. '사업하다 보면 언젠가는 다 성공한다'는 믿음으로 계속 도전을 이어 나가 보세요. 그럼 뉴진스님처럼 당신도 꿈에 그리던 삶을 살게 될 거예요. 당신의 도전을 응원합니다.

"최고가 되기 위해 가진 모든 것을 활용하세요.
이것이 바로 현재 제가 사는 방식이랍니다."
— 오프라 윈프리

5장

연 매출 10억 원 사업가도 배우러 온 'IBF Meditation'

억만장자 부자들이 명상을 배우는 근본적인 이유

우리는 달리고 또 달립니다. 해야 할 일들은 끝이 보이지 않고, 머릿속은 온갖 생각들로 가득 차 있습니다. 더 빨리, 더 많이 해야 한다는 압박 속에서 어디로 가는지도 모른 채, 속도만을 좇고 있습니다. 하지만 어느 순간 이런 질문이 스쳐 지나갑니다. "이대로 괜찮은 걸까?" 이 질문은 작지만 묵직하게 가슴 한쪽을 울립니다. 그러다 문득 깨닫습니다. 지금 필요한 건 더 빨리 달리는 것이 아니라, 잠시 멈추는 것이라는 사실을. 멈춘다는 건 쉽지 않습니다. 뒤처질까 두렵고, 실패할까 겁이 납니다. 하지만 진짜 두려운 건 방향 없이 달리다 정말 소중한 무언가를 놓치는 것임을 알아야 합니다.

IBF Meditation은 멈춤에서 시작됩니다. IBF는 Inner Balance

Formula, 내면의 균형을 되찾는 방법이라는 뜻입니다. 이 명상은 단순히 눈을 감고 마음을 비우는 시간이 아닙니다. 혼란 속에서도 내 안에 숨겨진 나침반을 다시 찾고, 어디로 가야 할지 방향을 정하는 과정입니다. 마치 거친 파도에 휩쓸리던 배가 잠시 멈춰 나침반을 확인하고 다시 항로를 찾는 것처럼 IBF 명상은 당신에게 삶의 중심을 되돌려줍니다. 2013년 메타분석 연구에 따르면 명상은 스트레스 호르몬인 코르티솔 수치를 현저히 낮춥니다. 물론 이것만으로도 매력적이지만, IBF는 여기서 한 걸음 더 나아갑니다. 단순히 스트레스를 덜어내는 데 그치지 않고, 그 빈 곳에 내면의 에너지를 채우는 데 초점을 맞춥니다. 그 에너지는 삶의 원동력이 되어 우리를 다시 움직이게 하고, 더 나은 내일을 설계하는 힘이 됩니다.

저에게 IBF를 배운 한 수강생의 이야기가 떠오릅니다. 그는 명상하기 전엔 삶에 방향성을 잃고, 우울한 생활을 이어 나갔다고 했습니다. 어디로 가야 할지 몰라 불안하기만 했다고 말하기도 했죠. 하지만 멈출 용기를 내고 명상을 시작하면서 비로소 방향성을 찾을 수 있었다고 말했습니다. 멈춰서 바라보니 자신이 놓치고 있었던 것들이 선명히 보였다고도 했죠. 우리는 달리는 데 익숙하지만, 멈춰야만 보이는 것들이 있습니다. IBF는 바로 그 멈춤의 힘을 가르칩니다.

연구에 따르면 꾸준히 명상을 한 사람들의 뇌는 감정 조절과 관련된 영역이 강화된다고 합니다. 이는 단순히 감정에 휘둘리지 않는 차원을 넘어 외부 혼란에서도 흔들리지 않는 중심을 세우는 데 도움을 줍니다. IBF 명상은 바로 그런 내면 근육을 키워줍니다. 우리는 모두 불안을 안고 살아갑니다. 중요한 일을 앞둔 두려움, 예측할 수 없는 미래에 대한 막연한 걱정. IBF 명상은 그 불안을 억지로 없애려 하지 않습니다. 오히려 그 불안을 내면의 에너지로 전환하는 방법을 제시합니다. 불안 속에서도 나아갈 용기, 흔들리지 않는 자신을 만드는 힘이 바로 IBF 명상에서 시작됩니다.

현대인의 삶은 욕망과 두려움 속에서 흔들리기 쉽습니다. 우리는 내면의 고요를 잃고, 자신이 누구인지조차 잊은 채로 살아갑니다. 그러나 진리는 밖에 있지 않습니다. 그것은 언제나 당신 안에 있습니다. 멈춤은 패배가 아닙니다. 그것은 시작입니다. 모든 고통의 뿌리는 스스로를 보지 못하는 데 있습니다. IBF 명상은 당신이 내면을 바라보는 법을 가르칩니다. 혼란 속에서도 중심을 되찾고, 불안 속에서도 흔들리지 않는 자신을 만드는 데 큰 도움이 될 겁니다. 명상 도중 당신은 자신에게 질문하게 될 것입니다. "나는 누구인가? 나는 어디로 가고 싶은가?"이 질문은 혼란과 욕망으로 가득한 마음을 비추는 거울과 같습니다. 그리고 그 거울 속에서 잊혀졌던 당신의 목소리가 들려올 것입니다.

그 목소리는 당신이 누구인지, 무엇을 위해 살아가야 하는지를 알려줍니다. 변화는 스스로를 아는 데서 시작됩니다. 당신이 내면의 고요를 발견할 때 외부 소음은 더 이상 당신을 흔들지 못합니다. 불안과 두려움은 그저 흘러가는 구름처럼 지나갈 것입니다. IBF는 당신을 내면의 항구로 데려가는 배와 같습니다. 하지만 그 항구로 나아가는 노를 젓는 것은 당신의 몫입니다. 삶의 본질은 어디에도 정해져 있지 않습니다. 그것은 당신이 멈추고 스스로를 들여다볼 때 비로소 드러납니다.

이제 잠시 멈춰 보세요. 당신이 찾고 있는 모든 답은 이미 당신 안에 있습니다. 그 답을 찾는 과정에서 IBF 명상을 활용한다면 더 빠르게 원하는 답을 찾을 수 있을 겁니다.

모든 중독에서 벗어나는 방법

중독은 어떤 활동을 과도하게 해서 일상생활에 영향을 주는 상태라고 생각합니다. 특정 요인에 과몰입하는 거죠. 알코올 중독자는 술에 집착하고, 담배 중독자는 담배에 몰두합니다. 중독 문제를 해결하려면 원인을 이해하는 게 중요합니다. 우리가 중독에 빠지는 근본적인 이유는 행복하지 않기 때문입니다. 현실이 힘드니까 어떤 식으로든 위안을 얻을 방법을 찾는 거죠. 그게 담배, 술, 스마트폰 등 다양한 대상에 의존하는 가장 큰 이유입니다. 중독에 빠지는 대상을 살펴보면 쉽고, 빠르게 쾌락을 얻을 수 있습니다. 노력 없이 행복감을 얻고 싶은 마음에 지금 언급한 대상에 의존하기 시작하면 점점 더 강한 자극을 원합니다. 예전에는 술 한 잔만 마셔도 기분이 좋아졌다면 시간이 지날수록 음주량을 늘려야 같은 정도로 행복해질 수 있습니다. 그렇게 중독에 빠지는 겁니다.

결국 내가 행복해지는 방법을 찾아야 중독에서 벗어날 수 있습니다. 좋아하는 일을 하면 행복해질 거라고 생각하는 데 그렇지도 않습니다. 취미가 일이 되는 순간 흥미를 잃는 경우가 많아요. 돈과 일도 중독의 대상이지 근본적인 행복을 주지 못합니다. 그럼 이제 진지하게 고민해야 할 부분이 있습니다.

과연 행복은 무엇일까요? 기쁘고, 즐거운 상태에서만 행복을 느낄 수 있다고 착각하는 분들이 많습니다. 행복은 괴로움이 없는 상태입니다. 즐거움보다는 고통이 없어야 당신이 행복해질 수 있어요. 참된 행복은 현재 이 순간에 몰입할 수 있는 능력에서 나옵니다. 어떤 종교를 살펴봐도 결국 '카르페디엠'이 행복의 핵심이라고 말해주죠. 카르페디엠은 현재 이 순간을 즐기라는 라틴어입니다. 명상을 하는 이유도 현실에 집중하기 위한 능력을 키우기 위함입니다.

걱정이 없어야 현실에 집중할 수 있습니다. 지금 이 순간에 집중하려면 잡다한 걱정을 말아야 하죠. 돈, 일, 인간관계 등 다양한 문제가 현실에 존재하는 데 이 모든 요인에서 벗어나야 합니다. 그런데 대부분 문제는 개별적인 노력으로 바꿀 수 없습니다. 아무리 노력해도 사소한 문제라도 계속 발생할 겁니다. 그런 문제까지 모두 없애려고 하기에 집착이 생기는 거고, 다른 고통의 원인이 됩니다. 고통을 주는 요인을 제거할 수 없다면 그 문제를 바라보는 인식을 바꿔야 합니다.

당신이 지금 생각하는 문제가 정말 내 인생에 큰 영향을 미치는지 고민해 보는 거죠. 돈이 부족해서 걱정하는 직장인이 있다고 가정해 볼게요. 그 직장인에게 왜 돈이 더 많이 필요한지 물어보면 대부분 더 큰 집과 차를 사고 싶은데 구매하지 못해서 수익이 더 필요하다고 말할 겁니다.

직장인이 원하는 집과 차를 얻는다고 해서 행복해지지 않습니다. 구매한 순간에는 즐겁겠지만 결국 더 좋은 집과 차를 얻기 위해 다시 노력할 거예요. 그렇게 무한 반복하다 보면 결국 인생을 즐기지 못하고, 시간을 허비합니다. 그 직장인이 사는 곳이 투룸 빌라라고 가정해 볼게요. 브랜드 아파트가 아니니까 다른 사람들과 자신을 비교합니다.

근데 어디에 사는 지보다 어떤 마음으로 살아가는 게 중요한지 깨달으면 불행에서 벗어날 수 있습니다. 퇴근한 후에 내가 있을 공간에서 커피 한 잔을 즐길 수도 있고, 좋아하는 애완동물을 키울 수도 있죠. 누워서 아무 생각 없이 천장을 바라보거나 맛있는 음식을 혼자 해서 먹을 수도 있습니다. 내가 어떤 걸 가졌는지보다 어떤 행동을 할 수 있는지에 집중하면 불필요한 집착에서 벗어날 수 있습니다. 당신이 10평, 20평, 30평 집에 산다고 해서 할 수 있는 활동이 크게 달라지지 않는다는 사실만 깨달으면 좀 더 행복하게 살 수 있습니다. 20평 빌라에 살던 사람이 30평 브랜드 아파트에 산다고 해서 삶이 크게 바뀌지 않습니다. 바뀌는 건 주변 사람이 나를 바라보는 인식뿐이죠. 내 삶과 큰 상관없는 타인이 주는 동경심 때문에 10억 원 넘는 돈을 벌기 위해 노력하는 건 시간 낭비입니다. 당신이 스마트폰에서 보는 브랜드 아파트, 외제 차, 해외여행 모두 허상입니다. 그걸 소유했다고 해서 행복해지지 않습니다.

물질적인 집착에서만 벗어나도 세상을 바라보는 시각이 달라집니다. 예전에는 일본에라도 다녀와야 휴가 갔다 온 기분이 들었다면 이제는 집 앞 공원만 가도 그런 느낌을 받을 수 있을 거예요. 바다가 보고 싶으면 보통 두 시간 내로 다녀올 수 있습니다. 한국만큼 대중교통이 발달한 곳은 많지 않습니다. 어디든 쉽게 갈 수 있죠. 시간이 아무리 없어도 주말 하루는 여행을 다녀올 수 있을 겁니다. 기간보다는 내가 여행을 간 순간에 얼마나 집중할 수 있는지가 중요하죠. 한 달동안 여행을 가도 불확실한 미래 걱정만 하다가 끝나면 당일치기로 다녀온 것보다 가치가 떨어집니다. 한 시간 내로 다녀올 수 있는 곳을 찾다 보면 생각보다 많을 거고, 그곳에 떠나기 전부터 여행지에 있는 그 순간까지 현재에 집중해 보세요. 나는 엄마인데 자녀가 있어서 시간이 없으시다고요? 그럼 남편에게 하루만 아이를 봐달라고 해보세요. 그것도 어려우면 아이가 학교나 어린이집에 갔을 때 짧게라도 나만의 시간을 가져보세요. 혼자 현재에 몰입하는 경험이 행복에 큰 영향을 미칩니다.

걱정을 지우기 위해 중독을 선택하는 사람도 있습니다. 현실을 잊으려고 과음하는 사람도 많죠. 이런 상황 역시 집착이 원인입니다. 직장 생활을 하고 있는데 인간관계 때문에 스트레스가 큰 사람도 있을 겁니다. 나를 괴롭히는 직장 상사, 다른 사람에게 인정받고 싶은 마음과 같은 요인 때문에 고통을 느끼죠. 그런데 당신 주변에 있는 그 사람들이 영원할 거라고 생각하지 마세요. 어린 시절 친했던 친구조차 지금 연락하지 않는 경우가 많습니다.

물론, 주변 사람과 좋은 관계를 유지하면 좋겠지만 그렇지 않다고 해서 괴로워하지 마세요. 어차피 흘러가는 사람들 중 한 명입니다. 그 안에서 나와 마음이 맞는 사람, 진정으로 서로를 공감해줄 수 있는 사람이 있다면 그 사람에게만 집중하면 됩니다. 강에 있는 수많은 물을 모두 담으려고 하니까 괴로운 거예요. 마실 수 있는 물만 물통에 담는다는 마음가짐으로 살아가면 인간관계의 스트레스에서 벗어날 수 있습니다.

인간은 유한한 존재입니다. 우리가 길게 살아봤자 100년이에요. 당신이 집착하는 집, 차, 돈, 사람관계 모두 가져갈 수 없어요. 당신의 본질은 세상을 바라보는 영혼이에요. 30살 직장인, 누구의 아들이 진정한 내가 아니라 그 안에서 관찰자로 존재하는 자아가 진정한 나입니다. 그러니까 우리는 모두 세상을 살아갈 때 여행온 것처럼 살아가요. 지금 당신이 존재하는 이 공간을 그냥 즐겨보자고요. 어차피 우리는 100년도 못살 건데 브랜드 아파트니 멋진 외모니 이런 게 왜 중요하죠? 그냥 있으면 좀 더 편하게 여행을 즐길 수 있지만 없어도 괜찮다고 생각하세요. 당신이 여행지에서 모텔에 머물던 호텔에 머물던 상관없어요. 호텔에 머문다고 해서 여행지에서 느낄 수 있는 행복이 극도로 커지는 게 아닙니다. 대학생이더라도 친한 친구와 함께 여행지에서 다양한 경험을 하면 혼자서 고급 호텔에 머물며 돈 걱정하는 사람보다 행복하게 시간을 보낼 수 있답니다. 지금부터라도 이 세상에 잠깐 여행 온 마음가짐으로 살아간다면 불필요한 중독에서 벗어날 수 있을 겁니다.

돈이 중요하지 않다고 부정하는 건 아닙니다. 시간과 경험을 사려면 일정 부분 돈은 있어야 하죠. 그래서 이 책에서도 돈 버는 방법도 같이 알려드리는 거고요. 다만, 돈 자체가 목적이 되지 않았으면 합니다. 돈은 우리를 좀 더 행복할 수 있게 도움을 주는 수단이지 그 자체가 엄청난 행복을 가져다주지 않아요. 그런데 마치 돈만 많으면 무조건 행복할 거라고 믿는 분들이 많아서 그게 전부는 아니라는 걸 깨닫게 도움을 주는 겁니다. 돈이 많아야만 행복해질 수 있다면 재벌 자녀가 마약을 하거나 자살하는 경우는 없어야겠죠. 뉴스를 조금만 찾아봐도 그런 사례가 많습니다.

그러니까 돈을 추구하되 그걸 위해 모든 걸 포기하지 마세요. 돈을 위해 가족을 포기하지 말고, 직장에서 일하기 위해 커피, 술, 담배에 의존하지 말고요. 스스로를 행복하게 해줄 수 있는 건 내면에 있습니다. 명상이 중요한 이유이기도 하고요. 그럼 명상으로 행복을 되찾는 방법을 본격적으로 알아보도록 하겠습니다.

슬럼프에서 가장 쉽게 빠르게 벗어나는 법

슬럼프를 겪으면 아무 일도 하기 싫어집니다. 그냥 일하는 장소에만 있어도 무기력증을 느끼죠. 저 역시 직장 생활할 때나 사업할 때 슬럼프로 인해 고민이 많았습니다. 해야 할 일은 많은데 의욕이 없으니까 너무 힘들더라고요. 10년 넘게 슬럼프를 극복하다 보니 생각보다 쉬운 답을 찾아서 당신에게 공유하려고 합니다.

그 방법을 알아보기 전에 질문 하나 하겠습니다. 당신이 마라톤 대회에 참석했다고 생각해 보세요. 15킬로미터를 넘게 달려야 합니다. 처음에는 크게 어렵지 않게 달리다가 3킬로미터를 넘기자 숨 쉬기 어려울 정도로 고통을 느끼죠. 이때 속도를 높이면 어떻게 될까요? 신체에 이상이 생겨 완주하지 못할 겁니다. 아마 조금 더 달리다가 포기하겠죠. 인생도 마찬가지입니다. 당신이 어떤 일을 하던 마라톤을 하는 상황이랑 같아요. 결국 일은 에너지를 소비하는 행위이기 때문이죠.

대부분 사람은 50대 넘어서까지 일을 합니다. 20대 중반부터 30년 넘게 일해야 하는 거죠. 마라톤과 유사한 이유가 여기에 있습니다. 그런데 수많은 직장인과 사업가가 마치 단거리 달리기를 하는 것처럼 달립니다. 마치 1년 동안 모든 에너지를 쏟으면 이 경주가 끝나는 것처럼 말이죠. 무리할수록 지치는 시기가 빨리 옵니다. 그게 슬럼프입니다. 저 역시 경주마처럼 달렸어요. 편입에 성공한 이후로 잠시도 쉬지 않고 달렸죠. 좋은 스펙을 쌓고, 좋은 직장에 가기 위해 자투리 시간마저 공부에 투자했습니다. 버스 안에서도 이동하는 시간이 아까워서 영어 단어 외우던 기억이 아직도 선명합니다. 직장 생활 이후에도 쉼 없이 계속 달려왔습니다. 그렇게 열심히 살다 보니 월 1,000만 원 수익을 달성할 수 있었어요. 그런데 진짜 문제는 그때부터 찾아왔습니다.

사업을 시작한 다음 매 순간 최선을 다한 덕분에 매출은 높아졌지만 정신적인 스트레스는 컸어요. 주 6일 일할 정도로 바쁘게 살았죠. 그런데 어느 순간부터 사무실에 가는 것조차 싫을 정도로 일하고 싶은 마음이 사라졌어요. 분명 누가 봐도 아름답고, 쾌적한 사무실인데도 가기가 꺼려졌죠. 초반에는 제가 의지가 약해서 그런 문제가 발생했다고 생각했어요. 각종 동기부여 영상을 보면서 더 열심히 살려고 노력했죠. 운동도 해보고, 성공한 사람들이 좋다는 방법은 모두 사용해봤는데 시간이 지날수록 더 힘들어졌어요. 어느 순간에는 고객에게 연락이 와도 화가 나는 상황에 처했죠. 이런 상태에서는 더 이상 사업을 지속하기 힘들다고 생각해 해결 방안을 고민하기 시작했어요. 다양한 방법들이 있었지만, 제가 택한 방법은 그냥 아무것도 안 하는 거였습니다.

3일 정도 정말 아무 일도 하지 않았어요. 누워서 멍때리거나 TV만 봤어요. 중간에 조금 기운 차리면 산책 정도만 하고 죽은 사람처럼 누워만 있었습니다. 어떤 연락이 와도 답장도 하지 않으려고 휴대폰은 보지도 않았죠. 3일 연락 안 받았다고 사업이 망하진 않으니까 그냥 휴대폰은 꺼놨어요. 첫날에는 누워만 있다 보니까 시간 감각이 사라졌어요. 아침 늦게 일어나서 영화 한 편 보니까 벌써 점심 먹을 시간이었죠. 배가 고프지 않아서 계속 누워만 있었어요. 어느 순간 잠이 들었고, 눈을 뜨니까 저녁 7시였어요. 그때 간단하게 밥을 먹고, 또 다시 평소 보고 싶었던 드라마를 보기 시작했습니다. 누가 보면 시간을 낭비한다고 생각하겠지만 저에게는 꼭 필요한 시간이었어요.

새벽까지 TV를 보다가 늦게 일어났어요. 그다음 날부터는 중간중간 게임도 했습니다. 게임하고, TV 보고, 낮잠 자는 시간을 반복했어요. 마지막 3일 차에도 80퍼센트 이상의 시간을 누워만 있었습니다. 정말 최소한만 움직였죠. 명상, 운동 이런 건 시도조차 하지 않았어요. 그냥 몸과 마음이 원하는 대로 행동했습니다. 그렇게 3일을 보내자 사업을 지속할 수 있는 힘이 생겼어요. 휴식 이후에는 긴 잠을 자고 일어난 기분이었죠. 정말 비생산적이라고 볼 수 있는 시간이었지만 앞으로 나아갈 동력을 제공했어요. 그 후로는 다시 사업에 몰입해 더 크게 성장할 수 있었습니다. 해당 방법을 발견하고 나서는 힘들면 똑같은 방식으로 휴식을 취했어요. 덕분에 3년 넘게 사업을 이어올 수 있었습니다.

성공의 핵심은 포기하지 않는 겁니다. 아무리 뛰어난 능력을 지녔더라도 사업을 하면 수익 변동이 있을 수밖에 없죠. 조금 수익이 낮아졌다고 해서 바로 포기하면 크게 성공하기 어렵습니다. 대기업이나 유명 사업가 성공 이야기만 살펴봐도 그 안에서 수많은 성공과 실패의 반복이었어요. 계속 잘되는 경우는 단 한 번도 없었습니다. 성공한 사람은 힘든 상황을 잘 이겨내고 다시 도전했죠. 99번의 도전과 실패를 반복한 후에 큰 성공을 경험할 수 있었습니다. 힘든 상황을 잘 극복하려면 결국 휴식 방법을 잘 찾아야 해요. 제가 찾아낸 방법을 당신도 사용해보면 어떤 문제 상황도 극복해 낼 수 있을 겁니다.

방법은 위에 소개한 드린 것처럼 간단합니다. 그냥 내 몸이 원하는 만큼 아무것도 하지 말고 휴식하세요. 이때 술이나 담배에 의존해서는 안 됩니다. 오랜 시간 앉아서 어떤 활동을 해서도 안 되고요. 3일 정도만 누워서 아무것도 안 하는 이 단순한 휴식 방법이 슬럼프를 극복하는 데 효과적입니다. 직장인이라면 월요일이나 금요일에 연차를 쓰세요. 그럼 금, 토, 일 이런 식으로 쉴 수 있습니다. 사업가라면 급한 마음 잠깐 내려놓고 3일 정도만 누워 보세요. 당신이 3일 동안 일을 덜한다고 수익이 크게 변화하진 않습니다. 주부나 아이를 키우는 부부라면 주변 사람에게 도움을 요청해 하루라도 완전히 쉴 수 있는 시간을 확보해 보세요. 그 후 아무것도 하지 말아 보세요. 그냥 아무것도 하지 말아 보세요. 그럼 삶이 바뀌기 시작할 겁니다. 마라톤을 할 때 계속 전력 질주하는 사람보다 천천히 휴식을 취해가면서 뛰는 사람이 더 좋은 성적을 얻는 것처럼 당신도 앞만 보고 달리지 않았으면 합니다.

한국인을 보면 노력 중독에 빠진 거 같아요. 잠깐이라도 시간을 허비하면 불안감을 느끼죠. '다른 사람은 다 열심히 사는 데 왜 나는 이렇게 살까'라고 하며 자책하는 사람도 많이 봤어요. 저 역시 그랬기에 당신이 어떤 생각을 하고 있는지 충분히 공감합니다. 그런 제가 당신에게 하고 싶은 말은 당신은 쉴 자격이 있다는 겁니다. 지금까지 힘든 상황 속에서 열심히 살아왔잖아요. 결과 상관없이 지금 그 위치에 있는 당신을 존경합니다. 묵묵히 아무도 알아주지 않아도 하루하루를 살아가고 있는 게 얼마나 대단한지 저는 잘 알아요. 그러니까 우리 조금 쉬었다가 다시 달려요. 잠깐의 휴식이 삶을 크게 바꾸기 시작할 겁니다.

호흡 하나로 부정적인 사고 없애기

현대 사회에서 우리는 스트레스와 부정적인 생각에 시달리기 쉽습니다. 이런 부정적인 생각이 우리의 정신과 신체 건강에 나쁜 영향을 끼친다는 사실, 알고 있나요? 하지만 걱정하지 마세요. 아주 간단한 방법으로 이 부정적인 사고를 없앨 수 있습니다.

바로 호흡입니다. 호흡은 단순히 생명을 유지하는 것이 아니라, 우리의 신경계를 조절하고 마음을 안정시키는 중요한 도구입니다. 특히, 깊고 의식적인 호흡은 스트레스를 줄이고 부정적인 생각을 없애는 데 매우 효과적입니다. 호흡은 우리의 자율신경계와 연결되어 있습니다. 자율신경계는 교감신경계와 부교감신경계로 나뉘는데, 교감신경계는 긴장과 스트레스를 담당하고, 부교감신경계는 휴식과 이완을 담당합니다. 의식적으로 호흡을 조절하면

이 두 신경계를 균형 있게 조절할 수 있습니다.

깊고 느린 호흡은 스트레스 호르몬인 코르티솔의 분비를 줄입니다. 코르티솔이 높으면 긴장되고 불안해지기 쉽지만, 규칙적으로 깊은 호흡을 하면 코르티솔 수치가 낮아져서 스트레스가 완화됩니다. 또한, 심장의 박동이 얼마나 다양한지를 나타내는 심박수 변이도Heart Rate Variability, HRV를 증가시킵니다. 높은 HRV는 스트레스에 잘 대처할 수 있다는 신호입니다. 깊고 의식적인 호흡은 HRV를 증가시켜 심장 건강과 스트레스 관리에 긍정적인 영향을 미칩니다.

호흡은 혈압도 낮출 수 있습니다. 규칙적인 심호흡은 혈관을 확장하고 혈액 순환을 개선하여 혈압을 낮추는 데 도움을 줍니다. 이는 스트레스와 불안으로 인한 혈압 상승을 막는 데 좋은 영향을 미칩니다. 또한, 연구에 따르면 깊고 의식적인 호흡은 뇌파에도 영향을 끼칩니다. 알파파와 세타파는 깊은 이완 상태와 명상 중에 나타나는 뇌파로, 의식적인 호흡은 이런 뇌파의 빈도를 높여 마음을 평온하게 만듭니다.

이제 호흡을 통해 부정적인 사고를 없애는 방법을 알아볼까요?

첫 번째 방법은 '심호흡 명상'입니다. 조용한 장소에서 편안하게 앉거나 누워서 눈을 감고 어깨와 얼굴 근육을 이완시켜 보세요. 천천히 코로 숨을 들이마시고, 공기가 코를 통해 들어와 폐와 배를 채우는 것을 느껴 보세요. 숨을 들이마실 때 배가 부풀어 오르는 것을 느끼며, 가슴보다는 배로 호흡하는 것이 중요합니다. 그린 다음 입으로 천천히 숨을 내쉬며, 공기가 몸을 떠나는 감각에 집중합니다. 이 과정을 반복하면서 들숨과 날숨의 자연스러운 흐름에 몰입해 보세요. 호흡할 때마다 숫자를 세기 시작합니다. 숨을 들이마실 때 '하나', 내쉴 때 '둘'을 마음속으로 세며 10까지 숫자를 세고, 다시 처음부터 시작합니다. 이 과정을 5분에서 10분 정도 반복하세요. 여러 생각이 떠오를 때마다 자연스럽게 흘려보내고 다시 호흡에 집중하면 됩니다.

두 번째 방법은 '4-7-8 호흡법'입니다. 이 방법은 빠르게 마음을 진정시키고 스트레스를 줄이는 데 효과적입니다. 조용한 장소에서 편안하게 앉거나 누운 자세를 취하고, 천천히 코로 4초 동안 숨을 들이마십니다. 공기가 코를 통해 들어와 폐와 복부가 천천히 부풀어 오르는 것을 느껴 보세요. 들이마신 상태에서 7초 동안 숨을 멈추고, 마음을 차분히 가라앉힙니다. 그 다음 입을 오므리고 8초 동안 숨을 내쉽니다. 입으로 숨을 내쉴 때 배에 있는 공기가 완전히 빠져나가는 것을 느끼며, 모든 긴장과 스트레스가 몸 밖으로 나가는 것을 상상해 보세요. 이 과정을 총 4회 반복합니다. 처음에는 하루에 한 번, 특히 잠들기 전에 실천해 보세요.

마지막으로 '호흡 시각화'라는 방법이 있습니다. 호흡과 시각화를 결합하면 부정적인 생각을 더 효과적으로 없앨 수 있습니다. 조용한 장소에서 편안하게 앉거나 누워서 천천히 코로 숨을 들이마십니다. 이때 밝고 따뜻한 빛이 몸 안으로 들어오는 것을 상상해 보세요. 이 빛이 긍정적인 에너지와 치유의 힘을 가지고 있다고 생각하며, 숨을 들이마실 때, 밝고 따뜻한 빛이 폐와 배를 채우고 몸 전체로 퍼져 나가는 느낌을 느껴 보세요. 그런 다음 입을 오므리고 숨을 내쉬며, 몸 안에 있는 모든 어두운 연기나 부정적인 에너지가 몸 밖으로 나가는 것을 상상해 보세요. 이 과정을 5분에서 10분 동안 반복합니다. 각 호흡 주기마다 시각화를 더 생생하게 느끼고, 몸과 마음이 점점 더 편안해지는 것을 경험해 보세요. 부정적인 에너지가 사라지고, 긍정적인 에너지가 채워지는 느낌을 강하게 받아들이세요.

이처럼 간단한 호흡법을 통해 부정적인 생각을 줄이고 마음의 평화를 얻을 수 있습니다. 꾸준히 실천하면 심리적 안정과 긍정적인 에너지를 유지하는 데 큰 도움이 될 것입니다. 한번 생각해 보세요. 하루 중 단 몇 분만 투자하면 마음이 평온해지고, 스트레스가 사라지며, 삶이 훨씬 더 긍정적으로 변할 수 있다니, 얼마나 매력적인가요? 깊고 의식적인 호흡은 우리가 늘 가지고 있는 도구입니다. 비싼 장비도, 특별한 장소도 필요 없습니다. 오직 우리의 의지와 호흡만으로도 우리는 자신을 더 나은 상태로 만들 수 있습니다.

지금 잠깐 책을 덮고 눈을 감고 깊게 숨을 들이마셔 보세요. 이 작은 변화가 당신의 삶에 큰 변화를 가져올 것입니다. 매일 조금씩 실천하다 보면, 어느 순간 마음이 훨씬 더 가벼워지고, 긍정적인 에너지가 넘치는 자신을 발견하게 될 것입니다.

모든 문제를 빠르게 해결하는 가장 완전한 기술

현대 사회는 매일 크고 작은 문제들로 가득합니다. 이런 문제들을 빠르고 효과적으로 해결할 수 있는 특별한 명상법이 있습니다. 바로 마음 조절 명상법입니다. 이 명상은 감각 경험을 재구성하여 문제를 새로운 시각으로 바라보게 합니다. 신경 언어 프로그래밍NLP에서 유래됐으며, 감각 요소를 조절함으로써 문제 해결 능력을 빠르게 향상시킵니다. 마음 조절 명상을 통해 시험에 대한 두려움을 극복하고 높은 성적을 받을 수 있으며, 직장 내 스트레스를 감소시키고 창의적인 아이디어를 쉽게 떠올릴 수 있습니다.

또한, 불안과 두려움을 극복하고 집중력을 높여 더 좋은 성과를 얻을 수 있습니다. 시각, 청각, 촉각 요소를 긍정적으로 재구성하면 심리적 안정을 찾고 스트레스 수준이 크게 줄어든다는 연구 결과도 있습니다.

그럼 이제 이 명상법을 실천하는 구체적인 방법을 안내하겠습니다. 먼저, 조용하고 방해받지 않는 장소를 선택하는 것이 중요합니다. 이 공간은 온전히 집중할 수 있는 곳이어야 합니다. 편안한 의자나 쿠션을 준비해 앉으세요. 눈을 감고 깊은 심호흡을 몇 번 하면서 몸의 긴장을 풀고 마음을 고요하게 만드세요.

첫 번째 단계는 해결하고자 하는 문제를 떠올리는 것입니다. 그 문제를 하나의 이미지나 상징으로 시각화하세요. 예를 들어, 복잡한 문제는 거대한 실타래로, 해결되지 않은 갈등은 어두운 구름으로 시각화 할 수 있습니다. 문제를 추상적인 형태로 변환하면 그 문제를 객관적으로 바라보는 데 도움이 됩니다.

시각화를 마쳤다면 각 요인을 조절해 보겠습니다. 먼저, 시각화한 이미지를 떠올려 보세요. 그 이미지가 너무 크고 위협적으로 느껴진다면 이미지를 점점 작게 줄여 보세요. 거대한 실타래를 떠올렸다면, 그 실타래를 점점 작게 줄여서 손바닥에 올릴 수 있을 만큼 작게 만드세요. 이렇게 작아진 이미지는 덜 위협적으로 느껴지며, 문제를 더 쉽게 다룰 수 있게 됩니다.

두 번째로, 이미지의 색상을 조절해 보세요. 어두운 이미지가 부정적인 감정을 유발한다면, 밝고 따뜻한 색상으로 변경해 보세요. 예를 들어, 어두운 회색 실타래를 밝은 노란색으로 바꿔 보세요. 밝고 따뜻한 색상은 긍정적인 감정을 더 쉽게 느끼게 해줍니다. 밝기도 조절해 보세요. 어두운 이미지를 점점 밝게 만들어서 전체적으로 더 긍정적으로 느껴지게 만드세요. 어두운 방 안에 있는 실타래를 햇빛이 가득한 밝은 방으로 옮기는 상상을 해보세요. 이렇게 밝게 만들면 문제를 더 희망적으로 바라볼 수 있습니다.

이미지 위치도 변경해 보세요. 이미지가 너무 가까이 있어서 위협적으로 느껴진다면, 점점 멀리 보내서 거리를 두세요. 바로 눈앞에 있는 거대한 실타래를 점점 멀리 보내서, 먼 산 너머로 보내는 상상을 해보세요. 이는 문제를 더 객관적으로 바라보게 해줍니다.

마지막으로, 이 모든 시각적 조절을 종합하여 문제 이미지를 조정하세요. 거대한 실타래를 작고 밝은 노란색으로 바꾸고, 멀리 떨어진 곳에 놓아두는 상상을 해보세요. 이렇게 시각적으로 조절하면 더 이상 문제가 복잡하고 위협적으로 느껴지지 않으며, 심리적 안정감을 찾는 데 도움이 됩니다. 실제로 신경과학 연구에서도 이러한 이미지 조절이 심리적 안정을 찾는 데 효과적이라고 입증되었습니다.

다음 단계는 청각적 요소를 조절하는 것입니다. 먼저, 문제와 관련된 소리를 떠올려 보세요. 그 소리가 크고 귀에 거슬린다면, 점차 볼륨을 낮춰 보세요. 스트레스를 주는 상황에서 시끄러운 소리가 들린다면, 그 소리를 머릿속에서 서서히 줄여 나갑니다. 소리가 점차 작아져서 마치 배경음처럼 희미해지게 만드세요. 이렇게 하면 소리가 더 이상 불편하지 않을 겁니다.

반대로, 긍정적이고 격려하는 소리가 있다면 그 소리의 볼륨을 높여 보세요. "넌 할 수 있어", "잘 하고 있어" 같은 격려의 목소리가 있다면, 그 목소리를 점점 더 크게 들리게 만드세요. 그 소리가 마치 바로 옆에서 들리는 것처럼 선명하게 느껴지게 하면 자신감이 높아집니다.

소리 톤과 속도 역시 변화시켜 보세요. 빠르고 날카로운 소리가 있다면, 그 소리를 천천히 낮은 톤으로 바꾸어 보세요. 긴장감을 유발하는 날카로운 경고음이 있다면, 소리를 부드럽고 낮은 톤으로 변화시킵니다. 이렇게 하면 긴장을 완화할 수 있습니다. 소리의 방향도 조절해 보세요. 특정 소리가 특정 방향에서 들린다면, 그 방향을 변화시켜 보세요. 귀에 거슬리는 소리가 왼쪽에서 들린다면, 그 소리를 점차 오른쪽으로 이동시키거나, 머리 위에서 아래로 이동시키는 상상을 해보세요. 소리가 더 이상 한쪽에 집중되지 않고 분산되면, 심리적 부담이 줄어들고 안정감을 찾는 데 도움이 됩니다.

청각적 요소를 조절하는 방법은 불안을 줄이고 심리적 안정을 찾는 데 매우 효과적입니다. 심리학 연구에 따르면, 소리의 볼륨, 톤, 속도, 방향을 조절함으로써 마음의 상태를 긍정적으로 변화시킬 수 있다고 합니다. 청각적 조절 방법을 꾸준히 연습하면, 정신적 안정을 되찾고, 집중력을 유지할 수 있을 것입니다.

마지막 단계는 촉각적 요소를 조절하는 것입니다. 문제와 관련된 감각의 온도를 조절해 보세요. 긴장이 차갑게 느껴진다면 따뜻하게 변화시켜 보세요. 예를 들어, 차가운 바람을 따뜻한 햇살로 변화시키는 겁니다. 따뜻한 감각은 신체적, 심리적 긴장을 완화하는 데 도움이 됩니다. 질감도 조절해 보세요. 불편한 느낌을 주는 거친 질감을 부드럽게 바꿔 보세요. 마음의 긴장을 느낄 때 그 긴장을 부드러운 감촉으로 변화시켜 보세요. 감각의 압력을 조절해 강한 압박감을 줄여 보세요. 예를 들어, 가슴에 느껴지는 무거운 압박감을 부드러운 이불로 바꾸어 상상하는 것입니다. 이는 심리치료에서도 많이 사용되며 그 효과가 입증되었습니다.

이처럼 시각과 청각, 촉각 요인을 동시에 조절하면 극복이 불가능해 보이는 문제도 충분히 해결할 수 있다는 확신이 생길 겁니다. 지금 걱정거리가 있다면 바로 실천에 옮겨 보세요.

매일 이 단어만 외치면 모든 행운이 찾아온다

저는 예민합니다. 조금만 스트레스 받아도 견디기 힘들어 하죠. 성격도 소심합니다. 누군가 조금만 다르게 행동해도 제가 어떤 잘못을 했는지 고민하는 일이 많았죠. 그러다 보니 인간관계로 인한 스트레스가 커졌습니다. 사람으로 인한 스트레스를 피하기 위해 타인과 만남을 최소화했습니다. 친구들조차 만나지 않았어요. 시간이 흐를수록 다른 사람과 관계 맺는 일에 더 어려움을 느꼈습니다. 그러던 어느 날, 제 삶을 변화시키는 사건이 발생합니다. 책을 읽다가 옴Om 만트라 명상을 발견했어요.

해당 명상으로 예민한 성향을 바꿀 수 있을 뿐만 아니라 타인 시선에 큰 영향을 받지 않을 수 있을 거라고 판단해 매일 아침마다 옴 만트라 명상을 진행했습니다. 명상할수록 외부보다는 내면에 집중하는 법을 배울 수 있었어요. 또한, 다른 사람을 진심으로 존중하고, 사랑하는 법을 배웠죠. 한 달이 지나자 다른 사람들과 관계가 눈에 띄게 좋아지기 시작했습니다. 사업에도 긍정적인 영향을 미쳤죠. 월 1,000만 원 이상 수익을 3개월 만에 벌 수 있었던 이유도 고객 마음을 진심으로 사로잡았기 때문이라고 생각합니다. 제가 활용한 이 방법을 당신에게 지금부터 알려줄게요.

옴 만트라는 고대 인도의 베다 시대에서 기원한 것으로, 수천 년 동안 명상과 종교 의식에서 중요한 역할을 해왔습니다. 베다Veda는 인도의 가장 오래된 성전으로, 우주의 근원과 인간의 본질에 대한 깊은 통찰을 담고 있습니다. 옴은 이 베다 문헌에서 가장 신성한 소리로 여겨집니다. 힌두교, 불교, 자이나교 등 다양한 인도 종교에서 중요한 의미를 지니기도 하죠. 이 소리는 신성한 진동을 상징하며, 우주와 인간의 연결을 의미합니다. 힌두교 철학에서는 옴을 '프라나바Pranava'라고 부르며, 이는 '호흡' 또는 '생명의 힘'을 의미합니다. 이처럼 옴은 생명과 우주의 본질을 상징하는 중요한 소리입니다. 옴 만트라는 세 가지 주요 소리 요소로 구성되어 있습니다: A, U, M. 이 세 가지 소리는 각각 다른 의미와 상징을 담고 있습니다.

A(아): 창조의 소리로, 우주의 시작과 새로운 탄생을 의미합니다. 이는 물질적 세계와 모든 생명의 근원을 나타냅니다.

U(우): 유지의 소리로, 현재의 지속과 균형을 상징합니다. 이는

우리의 일상 생활과 그 안에서의 모든 경험을 포괄합니다.

M(음): 파괴의 소리로, 변형과 해체를 의미합니다. 이는 모든 것이 끝나고 다시 시작되는 순환을 나타냅니다.

이 세 가지 소리가 합쳐져 하나의 진동을 만들며, 이는 우주의 모든 것을 아우르는 총체적 에너지를 상징합니다. 옴을 반복하는 것은 이 신성한 진동과 하나가 되는 것을 의미하며, 이를 통해 마음과 몸, 영혼이 조화를 이루고 내면의 평화를 찾을 수 있습니다.

옴 만트라 명상 효과를 좀 더 구체적으로 알아볼게요. 옴을 외칠 때 발생하는 진동은 몸과 마음의 긴장을 풀어주는 데 매우 효과적입니다. 이 진동은 심박수와 혈압을 낮추어 전반적인 건강을 개선하는 데 도움을 줍니다. 규칙적으로 옴 만트라를 반복하면 집중력도 향상됩니다. 또한, 중요한 회의나 프레젠테이션 전에 명상을 통해 마음을 가다듬으면, 발표 능력이 향상합니다. 옴을 반복해서 말하면 긍정적인 에너지를 생성하여 행운과 좋은 기운도 끌어들입니다. 이 명상은 긍정적인 사고를 촉진하고, 부정적인 생각과 감정을 해소하는 데 도움을 줍니다. 도전 과제를 긍정적으로 바라보고, 이를 해결하는 데 있어 자신감을 가질 수도 있습니다. 그럼 이제 옴 만트라 명상하는 법을 설명하겠습니다.

1단계. 편안한 장소 선택

조용하고 방해받지 않는 장소를 선택하세요. 집에서 가장 조용한 방, 야외의 한적한 공원, 또는 사무실의 조용한 공간을 선택합니다. 중요한 것은 그 장소가 당신이 완전히 집중할 수 있는 안전한 공간이어야 합니다. 편안한 분위기를 만들기 위해 향초를 켜거나 은은한 조명을 사용할 수 있습니다. 필요하다면 부드러운 명상 음악을 배경으로 틀어도 좋습니다.

2단계. 편안한 자세 취하기

편안하게 앉거나 누운 자세를 취합니다. 의자에 앉을 경우, 발을 바닥에 평평하게 놓고 허리를 곧게 세웁니다. 이때 허리를 곧게 세우는 것이 중요합니다. 손은 무릎 위에 자연스럽게 올려놓습니다. 바닥에 앉을 경우에는 다리를 편안하게 꼬고 앉습니다. 쿠션을 사용해 엉덩이를 살짝 올리면 더 편안한 자세를 유지할 수 있습니다. 손은 무릎 위에 두고 손바닥을 위로 향하게 하여 가볍게 놓습니다. 눕는 자세가 더 편안하다면 등을 대고 눕되, 몸에 긴장을 완전히 풉니다. 손은 몸 옆에 두고, 손바닥은 위로 향하게 합니다.

3단계. 심호흡하기

눈을 감고 깊은 심호흡을 3회 합니다. 천천히 코로 깊게 숨을 들이마시고, 입으로 천천히 내쉽니다. 이때 숨을 들이마실 때마다 신선한 에너지가 몸 안으로 들어오는 것을 상상하고, 내쉴 때마다 모든 긴장과 스트레스가 빠져나가는 것을 느껴보세요. 호흡에 집중하면서 몸의 각 부분을 하나씩 이완합니다. 머리, 목, 어깨, 팔,

손, 가슴, 배, 다리, 발 순서로 긴장을 풀어줍니다. 이 과정을 통해 마음을 고요하게 만듭니다.

4단계. 옴 만트라 반복

천천히 깊게 숨을 들이마시고, 숨을 내쉬면서 '옴' 소리를 냅니다. '옴' 소리를 낼 때 'A-U-M' 세 부분으로 나누어 소리를 냅니다. 'A'는 입을 크게 벌려 복부에서 소리가 나오는 것을 느끼며 소리를 냅니다. 'U'는 입을 조금 더 오므려 가슴에서 울리는 소리를 냅니다. 마지막 'M'은 입을 다물고 머리와 코에서 진동을 느끼며 소리를 냅니다. '옴' 소리를 반복하면서 그 진동이 몸 전체로 퍼지는 것을 상상합니다. 머리에서 시작하여 가슴, 복부, 다리, 발끝까지 진동이 퍼지는 것을 느껴 보세요. 이 과정에서 마음속으로 긍정적인 의도를 설정합니다. 예를 들어, "나는 행운을 끌어들이고 있다."라는 문구를 떠올립니다. 이 문구를 반복하며 긍정적인 에너지가 몸과 마음에 채워지는 것을 상상합니다.

5단계. 명상 마무리

이 과정을 5분에서 15분 정도 지속합니다. 초보자는 짧은 시간부터 시작해 점차 시간을 늘려가는 것이 좋습니다. 처음에는 5분 정도로 시작하여, 점차 10분, 15분으로 시간을 늘려갑니다. 시간이 흐르면서 호흡과 옴 만트라의 진동에 완전히 집중합니다. 마음이 다른 생각으로 흐르더라도 부드럽게 다시 호흡과 만트라로 집중을 돌립니다. 명상을 마칠 때는 몇 번의 깊은 심호흡을 통해 다시 몸과 마음을 안정시킵니다. 천천히 깊게 숨을 들이마시고, 내쉬면서 명상을 마무리합니다. 이때 눈을 감은 상태로 몸과 마음이 완전히 이완된 상태를 유지합니다. 눈을 천천히 뜨고, 명상 중 느꼈던 평온한 상태를 유지합니다. 급하게 일어나지 말고, 천천히 몸을 움직이며 일상으로 돌아갑니다.

하루 10분 투자해서 100억 원 끌어당기기

양자 도약Quantum Jumping은 평행 우주라는 개념을 활용한 시각화 기술입니다. 쉽게 말해, 우리가 내리는 모든 선택이 또 다른 우주를 만든다고 가정하는 거예요. 이렇게 생긴 우주들에는 각기 다른 '나'들이 존재합니다. 이 명상법은 그런 다른 나들과 연결돼서 그들의 지혜, 기술, 경험을 현재의 우리에게 가져와 삶을 더 나아지게 하는 방법입니다. 복습하는 차원에서 다시 한 번 설명할게요. 평행 우주 이론에 따르면, 우리가 내리는 모든 가능한 결정은 새로운 우주를 만듭니다. 예를 들어, 오늘 아침에 커피를 마실지 차를 마실지 결정하는 순간, 커피를 마신 우주와 차를 마신 우주가 생깁니다. 커피를 마신 우주에서는 커피숍에서 만난 사람 덕분에 성공적인 기업가가 될 기회를 얻게 되고, 차를 마신 우주에서는 다른 길을 걷게 되어 예술적 영감을 얻어 유명한 예술가가 될 기회를 잡게 되는 것이죠.

양자 도약은 우리가 평행 우주 속에서 원하는 다른 나와 연결되도록 돕는 방법입니다. 이 과정을 시작하려면 먼저 조용하고 편안한 장소에서 눈을 감고 깊게 심호흡을 하며 마음을 진정시킵니다. 그 다음 다른 우주에 있는 또 다른 나와 연결된다고 상상해 보세요. 성공한 사업가나 예술가인 자신을 떠올리고 그 사람과 대화한다고 생각해 보는 겁니다. 그 사람이 어떤 결정을 내렸고, 어떤 기술을 익혔으며, 어떤 경험을 했는지를 자세히 상상해 보세요. 이렇게 다른 나의 삶을 머릿속에 그려보고, 그와 대화를 통해 얻은 지혜와 경험을 현재의 나에게 가져옵니다. 이 방법을 잘 활용하면 새로운 아이디어나 문제 해결책을 얻을 수 있습니다. 저 역시 어려운 상황에 처하면 양자 도약을 활용해 해결 방법을 찾습니다. 이제, 구체적인 실천 방법을 알아보겠습니다.

1단계. 준비

먼저 방해받지 않을 조용하고 편안한 장소를 찾으세요. 전용 명상실이 아니어도 괜찮습니다. 조용한 방이나 사무실도 좋습니다. 편안하게 앉거나 누워서 척추를 곧게 펴고 몸의 긴장을 풀어줍니다. 의자, 쿠션, 침대 등 무엇이든 편안한 것을 사용하세요. 중요한 것은 명상하는 동안 불편하지 않도록 하는 겁니다.

2단계. 심호흡

심신을 안정시키기 위해 심호흡 운동을 시작합니다. 넷을 세는 동안 코로 깊게 숨을 들이쉬고, 넷을 세는 동안 그 상태를 유지한 뒤, 넷을 세며 입으로 천천히 숨을 내쉽니다. 편안함을 느낄 때까지 이 과정을 여러 번 반복하세요.

3단계. 점진적 이완

발가락부터 시작해 머리까지 몸의 각 부분을 점차적으로 이완시킵니다. 각 근육의 긴장을 풀어주는데 집중하세요. 이완의 물결이 몸을 타고 올라가면서 각 부분을 진정시키고 안정시키는 것을 상상해 보세요.

4단계. 시각화

출입구나 포털을 상상해 봅시다. 이 출입구는 당신이 원하는 성공을 달성한 평행 우주의 입구입니다. 이 이미지를 최대한 생생하게 만들어 보세요. 문이나 입구의 세부 사항, 색상, 질감, 기호나 디자인을 떠올려 보세요. 마음의 눈으로 이 새로운 현실로 들어가는 문을 통과하고 있는 자신을 그려보세요. 한 발짝 나아가면서 다른 우주로 이동하는 것을 느껴 보세요. 건너가서 새로운 환경에 들어가는 느낌을 상상해 보세요.

5단계. 대화와 학습

이제 성공한 자신을 만나봅시다. 출입구를 통과하면 자신의 또 다른 모습을 관찰해 보세요. 주변 환경과 태도에 주의를 기울이세요. 성공한 내가 어떻게 행동하는지, 어떤 태도를 가지고 있는지 살펴보세요. 원하는 재정적 목표를 달성한 상태를 자세히 살펴봅니다.

6단계. 질문하기

성공한 자신과 대화를 나눠봅니다. 그가 어떤 전략을 사용했고, 어떤 결정을 내렸는지, 재정적 성공을 달성하기 위해 어떤 사고방식을 가졌는지 물어보세요. 예를 들어, "재정적인 성공을 달성하기 위해 어떤 결정을 내렸습니까?", "어떤 일상 습관이 당신이 부자가 되는데 기여했나요?", "도전과 좌절을 어떻게 처리합니까?" 같은 질문을 해보세요.

STEP 7. 인사이트 얻기

성공한 자신이 제공하는 조언과 통찰력을 주의 깊게 들으세요. 그들이 당신과 공유하는 지식과 경험을 흡수합니다. 이 지혜를 받아들여 마음에 녹여내는 것을 상상해 보세요. 정보와 에너지가 전달되는 느낌을 느껴 보세요.

STEP 8. 현재로 돌아가기

성공적인 자신의 인도에 감사하고, 출입구를 통해 현재의 현실로 돌아옵니다. 돌아올 때, 얻은 통찰력과 지식을 가지고 오세요.

STEP 9. 실행하기

계획 명상 중에 얻은 통찰력을 몇 분간 생각해 봅니다. 유사한 성공을 달성하기 위해 실행할 수 있는 단계와 전략을 노트에 기록해 보세요. 얻은 지혜를 토대로 계획을 만들고 실행에 옮기세요.

양자 도약 방법을 실행하기 전에는 저 역시 다른 차원에 있는 자신과 연결될 수 있다는 점에서 의구심을 품었습니다. 하지만 사무실을 바꾼 후에는 그 효과를 체감할 수 있었죠. 첫 사무실을 구하기 위해 부동산에 방문했는데 여러 사무실을 보여주더군요. 그중 숲 바로 옆에 있는 사무실이 가장 마음에 들었지만, 혼자 쓰기에는 넓어서 작은 사무실로 입주했습니다. 언젠가는 꼭 숲 옆에 있는 사무실로 옮기겠다고 결심했었죠. 1년이 지난 후에 저는 그 사무실에 앉아 있었습니다. 네 맞습니다. 꿈에 그리던 사무실로 이사하는 데 성공했어요. 새로 진행한 사업이 계획처럼 잘된 결과였습니다. 제가 한 일은 딱 하나였어요. 그 사무실에서 일하고 있는 저를 보고, 방법을 물어본 거죠. 그때 얻은 통찰력이 신사업을 기획하는 데 큰 영향을 끼쳤습니다. 당신도 이루고 싶은 꿈이 있다면 목표를 이룬 자아를 상상하며 양자 도약을 해보세요. 그럼 놀랍게도 꿈꾸던 모습이 현실이 돼 있을 겁니다.

명상 효과 100배 높이는 특급 비법

명상을 처음 시작했을 때 기억은 아직도 생생합니다. 고요한 방 안에 앉아 눈을 감았지만, 제 머릿속은 온갖 생각들로 어지러웠습니다. 마음은 쉽게 고요해지지 않았고, "과연 명상이 의미 있는 변화를 가져다줄 수 있을까?"라는 의문이 떠올랐죠. 그 의문은 제가 5년간 명상에 대한 연구를 이어가게 만든 계기가 되었습니다. 연구 과정에서 저는 많은 사람이 같은 고민을 하고 있다는 사실을 발견했습니다. 수많은 사람이 명상을 시작하지만, 대부분은 짧은 시간 안에 효과를 느끼지 못해 중도에 포기하고 있었습니다.

"왜 그럴까?"라는 질문에 대한 답을 찾기 위해 100편이 넘는 논문과 책을 분석하고, 다양한 실험과 실행을 반복했습니다. 그러다 한 가지 중요한 사실을 깨달았습니다. 바로 준비 과정의 부족이 문제였다는 겁니다.

운동을 시작하기 전에 몸을 푸는 스트레칭이 필수적이듯 명상 역시 시작 전에 몸과 마음을 정돈하는 과정이 필요했습니다. 많은 사람이 이 준비 단계를 건너뛰고, 바로 명상에 들어가면서 그 효과를 제대로 느끼지 못했던 것이죠. 이처럼 명상도 준비 과정이 중요합니다. 사전 준비를 통해 우리는 마음의 무게를 내려놓고, 내면의 고요를 얻을 수 있습니다. 명상에서 준비 과정은 '프라나야마 호흡법'입니다. 이 기술을 통해 당신도 짧은 시간 안에 명상의 깊이를 체험할 수 있습니다. 프라나야마 호흡법은 크게 다섯 가지로 나뉩니다.

첫째, '나디 쇼다나'입니다. 나디 쇼다나는 에너지 통로를 정화하는 호흡법입니다. 우리 몸에는 72,000개의 에너지 통로가 있으며, '이다', '핑갈라', '수슘나' 세 가지가 주요 통로입니다. 이다 나디는 냉각 에너지를, 핑갈라 나디는 난방 에너지를, 수슘나 나디는 이 두 에너지가 균형을 이룰 때 활성화됩니다. 나디 쇼다나는 이 에너지를 정화하고 조화롭게 만들어 마음을 진정시킵니다. 스트레스와 불안을 줄이는 데 효과적입니다.

우선, 편안한 자세를 찾는 것부터 시작합니다. 책상 다리, 의자에 앉기, 연꽃 자세 등 편안한 자세로 앉습니다. 척추를 곧게 펴고 어깨에 긴장을 푸세요. 손은 무릎 위에 얹습니다. 눈을 감고 심호흡을 세 번 하며, 몸의 긴장을 풀고 중심을 잡습니다. 오른손으로 비슈누 무드라를 만듭니다. 비슈누 무드라를 쉽게 만들려면 오른손으로 '전화받는 자세'를 생각해 보세요. 엄지와 새끼손가락을 펼치고, 나머지 세 손가락은 접는 자세입니다.

다만, 이 경우엔 약지도 함께 펴서 엄지, 약지, 새끼손가락만 펴면 됩니다. 여기서 약지는 네 번째 손가락, 즉 새끼손가락 옆의 손가락을 말합니다. 왼손은 편안하게 놓습니다. 오른쪽 콧구멍을 엄지로 닫고 왼쪽 콧구멍으로 천천히 숨을 들이쉽니다. 들이쉰 후 약지로 왼쪽 콧구멍을 닫고 오른쪽 콧구멍을 열어 천천히 숨을 내쉽니다. 그 후 오른쪽 콧구멍으로 숨을 들이쉬고, 엄지로 오른쪽 콧구멍을 닫고 왼쪽 콧구멍을 열어 숨을 내쉽니다. 이 과정을 5~10분 동안 반복하세요. 나디 쇼다나는 집중력 향상, 호흡 기능 개선, 정서적 안정에 도움이 됩니다.

둘째, '카팔라바티' 호흡법입니다. 이 호흡법은 뇌에 활력을 주고 정신을 맑게 해줍니다. 방법을 자세히 설명할게요. 먼저, 편안한 자세로 앉으세요. 바닥에 앉거나 의자에 앉아도 좋습니다. 중요한 것은 척추를 곧게 펴고 어깨를 편안하게 유지하는 것입니다. 눈을 감고 몇 번 천천히 심호흡을 하며 몸을 이완시켜 주세요. 이제 카팔라바티 호흡법을 시작합니다. 코로 깊게 숨을 들이마셔서 폐를 완전히 채웁니다. 그 다음, 배를 강하게 쥐어짜듯이 수축하면서 코로 숨을 빠르고 강하게 내쉽니다. 이때 배가 쏙 들어가는 느낌이 들 겁니다. 숨을 내쉴 때는 소리를 내지 말고, 가능한 한 강하게 내쉬세요. 중요한 점은 숨을 내쉰 후에는 배를 자연스럽게 이완시키고, 공기가 저절로 폐로 들어오게 하는 것입니다.

다시 말해, 들숨은 수동적으로, 날숨은 능동적으로 하는 것입니다. 이 과정을 초당 한 번의 속도로, 총 20번 반복하세요. 20번 반복한 후에는 잠시 휴식을 취합니다. 이 과정을 3~5세트 반복하면 됩니다. 카팔라바티 호흡법은 소화 기능을 개선하고, 인지 기능을 향상시키며, 스트레스를 줄이는 데 많은 도움이 됩니다. 초반에는 어지러움을 느낄 수도 있지만, 점차 익숙해지면 몸이 편안해지고 머리가 맑아지는 것을 느낄 수 있을 겁니다.

셋째, '브라마리'입니다. 이 호흡법은 벌이 윙윙거리는 소리를 내며 스트레스를 줄이고 정신을 진정시키는 방법입니다. 편안한 자세로 앉고 척추를 곧게 펴고 어깨는 편안하게 유지합니다. 눈을 감고 심호흡을 하며 몸을 이완시킵니다. 양손으로 귀를 막고 숨을 6초간 들이마시고 3초간 멈췄다가 8초간 내쉽니다. 숨을 내쉴 때 벌처럼 '윙' 소리를 냅니다. 이 소리를 5~10분 동안 반복하세요. 브라마리는 불안 감소, 신경 안정, 집중력 향상에 효과적입니다.

넷째, '우짜이 프라나야마'입니다. 목을 약간 조여서 부드럽고 일정한 소리를 내는 호흡법입니다. 편안한 자세로 앉거나 서거나 누워서 수련할 수 있습니다. 척추를 곧게 펴고 어깨는 편안하게 유지합니다. 눈을 감고 심호흡을 하며 몸을 이완시킵니다. 코로 깊게 숨을 들이마시며 목뒤를 약간 수축해 부드러운 소리를 냅니다. 숨을 내쉴 때도 같은 소리를 유지하며 천천히 내쉽니다. 이 패턴을 5~10분 동안 반복하세요. 우짜이 프라나야마는 체내 산소 증가, 집중력 향상, 신경계 진정에 도움을 줍니다.

마지막으로, '바스트리카 프라나야마'입니다. 빠르고 강력한 호흡을 포함한 호흡법입니다. 편안한 자세로 앉아 척추를 곧게 펴고 어깨는 편안하게 유지합니다. 눈을 감고 심호흡을 하며 몸을 이완시킵니다. 코로 깊게 숨을 들이마신 후 복근을 수축하며 코로 강하게 숨을 내쉽니다. 이 패턴을 초당 한 번씩 반복하며 10회 호흡 주기로 시작하고, 점차 세트당 호흡 주기를 20회까지 늘립니다. 바스트리카 프라나야마는 에너지와 활력 증가, 스트레스와 불안 감소에 효과적입니다. 이 다섯 가지 방법을 명상 전에 실천하면 효과를 극대화할 수 있습니다. 다섯 가지 모두를 하기 어려우면 최소 한 가지라도 실천해 보세요. 한 달 안에 변화를 느낄 수 있을 겁니다.

지금까지 소개한 다섯 가지 호흡법은 각각 고유의 장점이 있습니다. 모든 호흡법을 하루에 한 번씩 실천하기 어려울 수도 있지만, 자신에게 가장 잘 맞는 방법을 찾아 꾸준히 실천하는 것이 중요합니다. 당신이 이 호흡법들을 일상에 어떻게 적용할 수 있을지에 대한 구체적인 활용 방안을 제시하겠습니다. 아침에 일어나서 나디 쇼다나 호흡법으로 하루를 시작해 보세요. 에너지의 균형을 맞추고 마음을 진정시키는 데 도움이 될 것입니다. 출근 준비를 하면서 몇 분 동안 나디 쇼다나를 실천하면 맑은 정신으로 하루를 시작할 수 있습니다.

카팔라바티 호흡법은 소화와 인지 기능 향상에 좋습니다. 점심 식사 후 소화를 돕기 위해 카팔라바티 호흡법을 5분 정도 실천해 보세요. 복근을 강하게 수축하며 숨을 내쉬고, 자연스럽게 폐를 채우는 이 호흡법은 소화를 촉진하고, 오후 피로를 덜어줍니다. 브라마리 호흡법은 스트레스를 줄이고 마음을 진정시키는 데 효과적입니다. 저녁에 집에 돌아와 휴식을 취할 때, 브라마리 호흡법을 5~10분 동안 실천해보세요. 양손으로 귀를 막고 벌처럼 '윙' 소리를 내는 이 호흡법은 하루의 스트레스를 날려주고, 마음을 차분하게 만들어 줍니다.

우짜이 프라나야마는 집중력을 높이고 신경계를 진정시키는 데 도움을 줍니다. 중요한 회의나 공부하기 전에 5분 정도 우짜이 호흡법을 실천해보세요. 목을 살짝 조이며 깊고 천천히 호흡하면, 긴장이 풀리고 집중력이 향상됩니다. 바스트리카 프라나야마는 에너지와 활력을 증가시키는 데 좋습니다. 아침 운동이나 저녁 운동 전에 바스트리카 호흡법을 실천해 보세요. 빠르고 강력한 호흡을 통해 몸에 활력을 불어넣어 줄 겁니다. 이렇게 각각의 호흡법을 하루 중 적절한 시간대에 배치하여 실천해 보세요.

모든 호흡법을 한꺼번에 실천하기 어려울 때는, 자신에게 가장 필요한 효과를 생각해 보고 그에 맞는 호흡법을 선택한 다음 실천하면 됩니다. 꾸준히 실천하면 분명히 그 효과를 체감할 수 있을 것입니다.

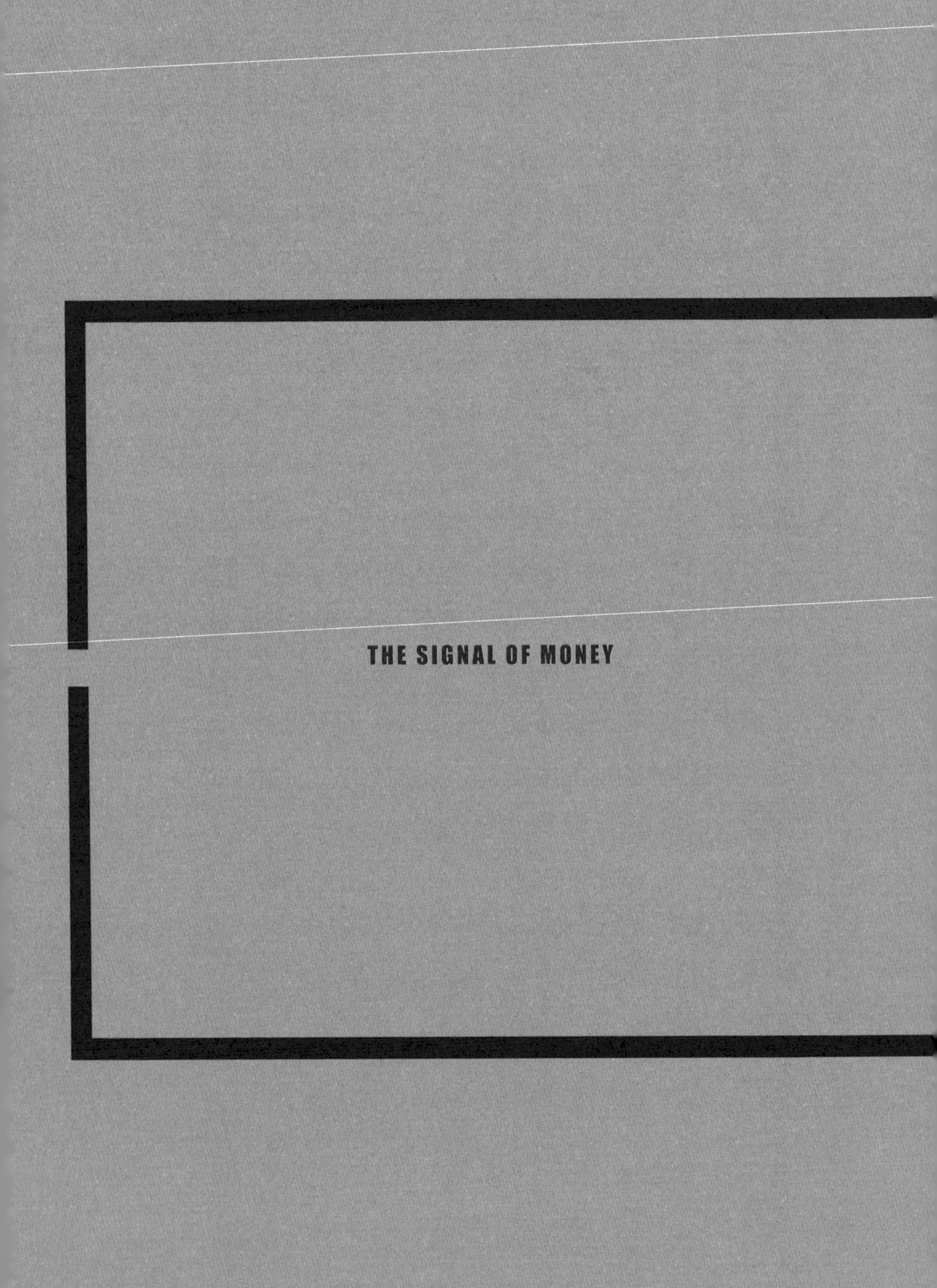

THE SIGNAL OF MONEY

3부

최상위 0.01%만 알고 있는 엄청난 능력

지식 확장력, 더 큰 부자가 되고 싶다면 당장 키워야 할 것

자기계발이 쓸모없다고 생각하는 당신에게

대학생 시절에는 자기계발을 혐오했습니다. 자기계발 서적을 쓰는 작가가 어린 시절에 그 분야를 싫어했다는 게 이해하기 어렵겠지만, 과거에는 자기계발은 허상이라고 믿었어요. 실질적인 해결책보다는 추상적인 마인드를 이야기하는 서적이 대다수라 큰 믿음이 없었죠. 그 시간에 차라리 만화책을 읽는 게 더 좋다고 생각했었어요.

그런 저를 바꾼 건 필리핀에서 대외 활동을 한 일이었어요. 대학생 시절에 필리핀 유학원 지도 강사로 활동했습니다. 당시, 초등생부터 중학생 아이들을 관리하며 그들이 영어 공부를 잘할 수 있게 관리하는 일을 주로 했어요. 원장님 외 함께 일했던 직원은 다른 대학교에서 온 대학생 한 명이었습니다. 필리핀에서 편하게 여행하면서 적당하게 일할 거라는 기대와 달리 잠깐 앉을 시간도 없이 바빴어요. 화장실 갈 시간도 없을 정도였죠.

그렇게 일주일간 생활하다 보니 몸무게가 5kg 넘게 빠지기도 했어요. 아침에는 아이들 영어 교육장까지 인솔해야 했고, 점심과 저녁에 진행하는 활동 모두 같이 참석해 관리했어요. 잘 때조차 아이들과 함께했죠. 근데 더 놀라운 사실은 원장님이 저보다 열심히 움직였다는 거예요. 매일 5시간만 자며 나머지 시간에는 아이들 관리와 프로그램 기획에 몰입했죠. 성공하려면 정말 저렇게 열심히 살아야 한다는 걸 바로 옆에서 배울 수 있는 기회였어요. 단 1분도 낭비하지 않는 모습을 보면서 많은 걸 배웠어요. 원장님은 이화여대 출신이었어요. 대학 졸업 후부터 지금까지 그렇게 열심히 살아왔다고 했죠. 그녀가 이룬 다양한 성과들을 보면서 단순히 머리가 좋기 때문에 성공한 건 아니라는 생각이 들었어요. 공부머리는 좋지만, 사회에서 적응하지 못하는 친구도 많다는 사실을 원장님을 통해 알게 됐어요. 결국, 내면이 강해야 성공할 수 있음을 깨달았습니다.

필리핀 어학연수를 다녀온 후에는 자기계발 도서를 읽기 시작했어요. 저도 내면을 그녀처럼 강하게 단련하고 싶었죠. 책을 읽다 보니 자기계발 서적이 추상적인 말만 하는 건 아니었어요. 구체적인 실행 방안을 제안하는 서적도 많았죠. 하지만 책에서 말한 부분을 실행에 옮기는 건 다른 이야기였어요. 아무리 좋은 내용이라도 매일 반복하는 게 너무 힘들었죠. 미라클 모닝부터 감사일기

쓰기까지 이론적으로는 완벽했는데 실행하지 못하자 죄책감을 느끼기 시작했어요. 그냥 무작정 자기계발 서적을 읽는 게 답이 아니라는 생각에 실행에 옮기지 못하는 원인을 찾아보기로 했어요. 다방면으로 분석해 보니 결국 목표가 없다는 사실이 가장 큰 문제였어요. 성취하고 싶은 일이 없는 상태에서 무작정 노력만 하니까 지속하기 힘들었죠.

우선, 인생에서 가장 중요한 요인을 뽑은 다음에 그 답을 찾아보기로 했어요.

첫 번째는 목표였어요. 살면서 어떤 일을 이루고 싶고, 그 이유는 어떤 건지 공책에 기록했죠. 어떻게 이 목표를 성취할지도 자세히 적었어요. 제 목표는 삶에 '방향성을 잃어버린 사람들에게 올바른 방향을 안내해주자.'였어요. 한국 사람들은 어린 시절부터 성인이 된 이후까지 다 힘들게 살고 있어요. 여유가 생기면 불안하고, 매번 남들과 경쟁해야 하는 일에 피로감이 심했죠.

가장 큰 건 비교였어요. 어떤 차와 아파트에 사는지에 따라 보이지 않는 계급이 정해졌죠. 그런 이유가 각자 삶에 방향성을 정하지 못했기 때문이라고 생각했어요. 대부분 사람이 행복한 삶이나 성취에 대한 기준이 불명확하니까 눈으로 보이는 돈으로 정하고 있는 거죠. 근데 돈도 결국 개인의 행복을 위해 필요한 물건일 뿐인데 모두 돈만 바라보고 있어서 이런 현실을 바꾸고자 하는 마음이 컸습니다.

두 번째는 가족이었어요. 나에게 가족이란 어떤 개념인지 생각해봤죠. 단순히 구성원이 모인다고 해서 가족이 아니라 서로를 존중하고, 배우자의 결정을 지지해주는 사람과 결혼하고 싶다는 생각을 했어요. 분명 제가 이해하지 못할 약점을 많이 지니고 있더라도 그런 부분까지 모두 끌어안아 줄 수 있는 사람을 원했죠. 자녀는 개인의 소유물이 아니라 또 다른 인격체로 존중하면서 키우고 싶었어요. 그렇게 각자 색을 인정해주고, 그 색이 더 선명하게 드러날 수 있도록 도와주는 집단이 가족이라고 판단했습니다. 또한, 함께 있을 때 편하고, 행복한 사람들과 함께하고 싶었죠. 그런 가족을 만들기 위해 어떤 노력을 해야 하는지도 고민했어요. 원하는 가족상이 명확한 만큼 쉽게 답을 찾을 수 있었습니다.

세 번째는 행복이었어요. 어떤 상황 속에서 행복감을 느끼는지 고민했어요. 그 행복은 성취에서 왔습니다. 어떤 어려운 일에 도전하고, 그걸 이룰 때 참된 행복감을 느꼈죠. 누구나 불가능하다고 말한 일에 도전해서 그들이 만든 한계를 넘어설 때 기뻤어요. 돈을 1억 원을 번 것보다 그 과정이 저에게 더 소중했죠. 사업을 시작한 계기도 이런 가치를 명확히 정리한 덕분이었어요. 그냥 돈만 많이 버는 게 아니라 힘든 과정을 극복하고, 남들에게 동기부여를 할 수 있는 사람이 되고 싶었기에 사업가로 방향성을 정했습니다. 이런 식으로 방향성을 정하자 어떤 행동을 하고, 어떤 능력을 키워야 할지가 보였어요. 자기계발도 제가 부족하거나 필요한 부분을 채우기 위해 다시 시작했죠. 왜 해야 하는지 모를 때와 달리 목표가 정해지자 옆에서 그만하라고 해도 행동을 지속할 정도로 계속했어요.

당신이 어떤 일을 해도 저는 응원하고 싶어요. 인생에는 정해진 답이 있는 게 아니니까요. 다만, 수동적인 삶에서는 벗어났으면 좋겠어요. 직장 생활을 하더라도 내가 결정해서 일을 하는 사람과 어쩔 수 없이 하는 사람은 행복도 부분에서 차이가 커요. 사업가도 마찬가지고요. 단순히 돈을 많이 벌고 싶어서 사업을 하고자 하는 게 아니라 사업을 통해 최종적으로 이루고 싶은 꿈이 있어야 해요. 저는 그 꿈이 모든 사람이 각자가 원하는 삶을 살 수 있게 도와주는 거예요. 제가 이타적이라서 그런 꿈을 꾼다고 생각하지만 사실 그 목표가 저와 제 가족에게도 도움을 줍니다.

행복한 사회에 행복한 개인이 존재한다고 믿기에 저와 제 가족이 행복해지려면 결국 전체 사회가 행복해져야 한다고 생각합니다. 그런 이유에서 이 책도 쓰고 있는 거고요. 타인의 기쁨과 행복이 나와는 상관없는 게 아니라 모두가 연결돼 있음을 알고, 사회 전체에 선한 영향력을 끼칠 수 있는 삶을 살다 보면 당신도 참된 행복에 좀 더 가까워질 수 있을 겁니다.

이 능력만 키워도 월 1,000만 원은 쉽게 번다

창조를 통해 개인의 가치를 실현하려면 사업을 해야 합니다. 물론, 직장에서도 가능합니다. 하지만 주어진 시스템 안에서는 한계가 생깁니다. 당신 안에는 신과 같은 에너지가 있다고 했습니다. 해당 에너지를 활용한다면 시간과 경제적인 자유 모두 얻을 수 있습니다.

저는 이 책을 읽는 당신이 지금이라도 사업에 도전해 봤으면 합니다. 직장 생활을 할 때보다 힘든 일도 많겠지만 그만큼 성장이 빠르고, 노력하는 만큼 수익이 높아집니다. 성공할 잠재력을 지닌 당신을 위해 6장에서는 사업가로 성장하는 데 필요한 내용을 알려드릴 예정입니다.

그중 처음으로 말하고 싶은 내용은 사업가로 성장하기 위해 꼭 필요한 능력이에요. 그건 바로 '투자 능력'입니다. 초보 사업가가 가장 많이 하는 실수는 혼자서 모든 걸 하려고 하는 겁니다. 돈을 아끼기 위해 디자인부터 마케팅까지 혼자 합니다. 그런데 불가능하죠. 당신이 만약 아파트를 건설한다고 가정해 볼게요. 그럼 다양한 종류의 전문가가 힘을 합쳐야 완성된 결과물을 얻을 수 있습니다. 사장 혼자서 건설부터 모든 걸 다하려고 했다면 절대 그런 결과를 만들어 낼 수 없었겠죠. 사장은 건설에 대한 지식과 경영 지식을 토대로 인력을 고용하고, 건축물을 완성한 다음 그걸 판매하여 이익을 얻습니다. 초기에 사람을 고용하는 비용은 투자 비용인 거죠. 그 비용이 아깝다고 혼자서 건물을 지으려고 하는 순간 문제가 발생합니다.

사업 초기에는 직장 생활과 병행하라고 말하는 이유 역시 필요한 자본을 마련하기 위함입니다. 간혹 사업에 100% 집중하면 성공할 거라는 믿음으로 퇴사부터 하는 사람이 있는데, 옳지 않은 선택입니다. 투자할 돈이 부족하면 결국 내가 모든 걸 해야 하는데 그럼 시간이 부족하고, 완성도가 낮아집니다. 홈페이지 디자인을 만든다고 아임웹부터 배우는 사람도 많이 봤습니다. 관련 내용을 배우고 실제로 홈페이지를 만드는 데까지 드는 시간이 최소 3달 걸립니다. 그렇다고 3년 넘게 홈페이지 디자인을 해온 전문가를 이길 순 없죠. 정말 기본적인 형태를 만드는 게 전부입니다.

해당 전문가를 100만 원 주고 고용했다면 그 시간에 더 잘할 수 있는 일에 집중할 수 있습니다. PPT 디자인 상품을 기획했다면 해당 분야 전문성을 키우는 데 더 시간을 투자할 수 있죠. 그럼 서비스 품질이 높아져 그만큼 좋은 후기가 남겨질 가능성이 커집니다. 같은 원리로 상세 페이지나 마케팅 시스템 구축과 같은 일들 모두 전문가에게 맡기는 게 가장 좋은 결과를 얻을 가능성이 커집니다. 모든 분야를 단기간에 배울 수 없을뿐더러 전문가를 이기는 건 더욱 불가능합니다.

그럼 올바른 전문가는 어떻게 찾을 수 있을까요? 가장 쉬운 방법은 크몽을 활용하는 겁니다. 크몽에는 다양한 분야 전문가들이 모여 있습니다. 잘만 찾으면 저비용으로 높은 수준의 서비스를 이용할 수 있죠. 경쟁력 있는 전문가를 찾으려면 크몽 시스템을 이해해야 합니다. 크몽에는 MASTER 전문가와 PRIME 전문가가, 일반 전문가가 있습니다. MASTER 전문가는 판매율이 높은 사람을 의미합니다. 실력과 상관없이 누전 판매 300건 이상 또는 판매 금액이 8,000만 원을 넘기면 해당 전문가로 자동적으로 분류됩니다. PRIME 전문가는 최상위 2% 전문가를 뜻해요. 판매 건수와 상관 없이 해당 카테고리에서 실력이 뛰어나면 크몽과 별도의 계약을 통해 PRIME 칭호를 얻을 수 있습니다. 일반 전문가는 단순히 판매 권한을 얻은 전문가라서 MASTER와 PRIME 전문가에게만 집중하면 됩니다.

크몽에 접속한 다음 검색창을 보면 PRIME과 MASTER 전문가만 보이게 설정할 수 있어요. 해당 전문가들만 활용해도 평균 이상의 결과물을 얻을 수 있습니다. 여기서 더 좋은 전문가를 찾는 법을 알려드릴게요. 우선, 후기를 살펴봐야 합니다. 크몽 후기 장점은 별점 높은 순 또는 낮은 순으로 정렬이 가능하다는 점입니다. 반드시 나쁜 후기를 확인해야 해요. 나쁜 후기를 보면 전문가 단점을 알 수 있고, 작업물 퀄리티가 좋지 않다는 평이 있으면 무조건 다른 서비스를 이용해야 합니다. 좋은 후기에 나온 내용은 맞지 않을 수도 있지만, 나쁜 후기에 있는 내용은 지금까지 한 번도 틀린 적이 없었습니다.

최종적으로는 전문가와 통화를 해보면 좋습니다. 통화를 제공하지 않는다고 하면 이 전문가도 우선순위에서 제외하는 게 좋습니다. 성격상 통화 서비스를 제공하지 않기보다 귀찮아서 안 하는 경우가 더 많습니다. 또한, 이런 전문가는 작업 도중 소통에 어려움을 겪을 가능성이 높습니다. 메시지로만 대화를 주고받아야 하는데 그럼 의미 전달에 한계가 생깁니다. 답장을 빠르게 못 받는다는 위험도 있죠. 전화 상담까지 모두 상세히 해주는 전문가를 선택하는 게 경험상 더 좋은 결과를 얻을 가능성이 높았습니다.

추가로 영상 전문가를 고용할 때는 '편집몬'이라는 플랫폼을 활용하면 좋습니다. 편집몬은 실력 좋은 영상 편집자를 합리적인 비용에 만날 가능성이 높습니다. 다양한 경력을 지닌 전문가가 있기 때문에 개인 자금 상황에 맞춰 최적화된 전문가를 찾을 수 있죠. 편집몬 최대 장점은 전문가 포트폴리오를 확인할 수 있다는 점입니다. 이전 작업물을 보면서 자신이 원하는 스타일을 지닌 전문가를 찾을 수 있습니다. 보통 개인 연락처가 공개되기 때문에 연락이 더 편하다는 장점도 있습니다.

지금까지 좋은 전문가를 찾는 법을 알아봤습니다. 아직도 혼자서 모든 걸 다 해야겠다는 생각이 든다면 사업은 도전하지 않는 게 좋습니다. 인력에 투자할 줄 알아야 성공할 수 있기 때문이죠. 지출 없이 100만 원 버는 것보다 100만 원을 인력에 투자한 다음 1,000만 원 이익을 얻는 게 훨씬 더 이득입니다. 지금 당장 사업에 투자할 돈이 부족하다면 우선 그 돈을 모으는 데 집중하는 게 좋습니다. 그렇다고 무조건 많은 돈을 모을 필요는 없어요. 300~500만 원 정도만 투자해도 충분합니다. 오프라인 사업장 보증금을 기준으로 생각해 보면 훨씬 더 저렴한 비용에 높은 수익을 창출할 수 있습니다. 그런 이유에서 온라인 사업을 추천합니다. 지금 알려드린 사실만 깨달아도 월 1,000만 원은 생각보다 쉽게 벌 수 있습니다.

책 한 권으로 무한대 지식 뽑아내는 방법

책을 많이 읽는 게 무조건 좋은 건 아닙니다. 한 권을 읽더라도 제대로 읽고, 그걸 콘텐츠화할 수 있어야 하죠. 지금부터 이야기할 내용만 제대로 배워도 마케팅 콘텐츠를 만드는 데 어려움을 겪지 않을 거예요. 저 역시 해당 방법을 활용해 상세페이지부터 유튜브 콘텐츠 기획까지 모두 성공적으로 해냈습니다. 유튜브 구독자 수는 1만 명을 달성하기도 했죠. 독서 방법부터 콘텐츠화하는 법까지 알려줄게요. 당신이 시중에서 접하는 수많은 책은 모두 재창작물입니다. 본인이 연구자가 아닌 이상 처음부터 끝까지 새로운 내용을 쓸 순 없죠. 대부분 다른 사람이 연구한 내용을 인용하거나 개인 경험사를 말합니다. 또한, 수많은 정보를 재가공해 자신만의 시각에서 '재창조'합니다.

지식은 이미 무료로 공유된 상황에서 콘텐츠의 질을 결정하는 건 결국 정보로 맥락을 만들어 내는 능력입니다. 예를 들어 볼게요. 당신이 뉴스를 보다가 이런 정보를 접합니다. 한국인 노인 빈곤율이 40퍼센트를 넘어서 문제가 심각하다는 내용이죠. 근데 한 책에서 한국인이 사업을 하지 않는 이유를 설명했다는 사실이 떠올라요. 그럼 당신은 실제로 한국인 창업 비율과 다른 국가 창업 비율 비교와 함께 노인 빈곤율을 대조하며 새로운 콘텐츠를 만들어 낼 수 있습니다. TV와 책, 논문 세 개를 활용해 새로운 맥락을 만들어 내는 거죠. 이 능력만 키워도 당신은 매력적인 콘텐츠를 무한대로 생산해 낼 수 있습니다.

우선, 책 읽는 방법부터 알려줄게요. 저렇게 빠르게 핵심 내용이 떠오르려면 독서를 정확히 해야 합니다. 다독이 아니라 정독을 해야 하는 이유죠. 저는 독서를 할 때 같은 책을 세 번 읽습니다. 불규칙하게 나열된 전화번호나 계좌번호를 외울 수 있는 건 반복적으로 해당 정보를 확인했기 때문입니다. 여러 번 읽으면 노력하지 않아도 내용을 암기할 수 있는 거죠. 그런 이유에서 한 책은 최소 3회 반복해서 읽어야 합니다. 1회독 때는 가볍게 훑듯이 읽습니다. 엄청나게 집중하지 않고, 쭉 읽어 나가죠. 이해가 가지 않는 부분이 있으면 굳이 노력해서 이해하려고 하지 않습니다. 그냥 전체적인 흐름을 파악한다는 생각으로 처음부터 끝까지 책을 읽어 나가면 됩니다. 메모도 할 필요 없습니다. 가볍게 읽기만 해도 무의식적으로 해당 지식이 머릿속에 입력됩니다.

2회독부터는 중요한 부분에 밑줄을 긋고, 모르는 개념이 나오면 온라인을 활용해 관련 정보를 찾습니다. 만약 이데올로기라는 단어를 모른다면 그 뜻만 찾는 게 아니라 단어 유래부터 어떻게 활용되고 있는지까지 모두 찾은 다음 책 옆에 메모해 둡니다. 이번에는 전체적인 틀보다는 세세한 내용을 이해하기 위해 노력하는 거죠. 큰 틀을 일회독 때 파악했기에 살을 붙여 나가는 과정이라고 생각하면 됩니다. 추가로 어떤 개념에 대해 깊이 있게 공부하고 싶다는 생각이 들었다면 해당 서적을 읽고 나서 독서할 목록해 기록해 두세요. 해당 목록은 개인 메모장도 괜찮고, 책에 기록해도 됩니다. 중요한 건 이때는 하나라도 모르는 개념이 있어서는 안 된다는 점입니다.

3회독은 정리가 중요합니다. 지금까지 기록한 내용을 토대로 모든 책 내용을 A4 용지 한 장 분량으로 정리하세요. 저는 Word나 한글 파일로 저장해 보관하는 편입니다. 200쪽이 넘는 책을 한 장 분량으로 정리하는 만큼 정말 핵심 내용만 남습니다. 중요하지 않은 부분은 모두 버리는 연습을 하다 보면 콘텐츠 기획 능력도 향상합니다. 기획은 불필요한 부분은 줄이고, 핵심만 남겨서 원하는 목표를 이루는 행동이기에 요약화 작업이 실력 향상에 긍정적인 영향을 미칩니다. 이런 방식으로 책 한 권을 정리하면 누군가 그 책에 대해 질문했을 때 바로 답변할 수 있을 겁니다. 보통 다독을 중요시하는 사람은 일주일만 지나도 해당 책 내용을 기억하지 못합니다. 즉, 독서 행위에만 집중하고, 본질인 지식 습득을 놓치게 되는 거죠. 한 장 분량으로 내용 정리를 마친 후에는 내용을 암기해야 합니다. 세 번이나 읽었기에 30분 정도면 해당 내용을 모두 기억할 수 있을 겁니다. 그때서야 내가 이 책을 읽었다고 말할 수 있습니다.

그럼 이제 내가 보유한 정보나 외부 지식을 활용해 새로운 콘텐츠를 만들어 내는 방법을 이야기하겠습니다. 지식을 습득함과 동시에 콘텐츠를 만들어야 빠르게 실력을 키울 수 있습니다. 제가 사용하는 방법은 'TRIZ 기법'입니다. TRIZTheory of Inventive Problem Solving는 소련의 발명가이자 SF 작가인 겐리히 알트슐러Genrich Altshuller와 그의 동료들이 1946년부터 개발한 문제 해결, 분석, 예측 방법론입니다. 창의적 문제 해결 이론이라고 직역할 수 있습니다. 알트슐러는 소련 해군에서 특허 심사관으로 근무하면서 수많은 특허를 분석하기 시작했습니다.

그는 많은 발명품을 개발할 때 같은 방식을 활용한다는 점에 주목했어요. 알트슐러와 그의 팀은 200,000개 이상의 특허를 분석해 공통 패턴을 찾아냈습니다. 그들은 창의적인 결과물이 모순을 해결하는 과정에서 나왔고, 이 원칙들이 다양한 분야와 산업에 적용될 수 있다는 것을 발견했죠. 시간이 지나면서 TRIZ는 발전했습니다. 이제 TRIZ는 40가지 발명 원리, 기술적 모순의 개념, 표준 솔루션 사용법 등 다양한 도구와 기법을 갖춘 포괄적인 방법론이 되었습니다. TRIZ는 모순을 찾아내고 해결하는 체계적인 접근 방식을 제공합니다. 이 방법만 익히면 당신도 창의적인 결과물을 만들어낼 수 있을 것입니다. 그중에서 제가 자주 사용하는 세 가지 원리를 소개하겠습니다. 이 원리들을 통해 당신도 문제 해결의 새로운 시각을 얻게 될 것입니다.

먼저, 세분화라는 원리를 소개할게요. 세분화는 하나의 큰 문제나 대상을 작은 부분으로 나눠서 해결책을 찾는 방법입니다. 하나의 긴 기사를 작성하는 대신, 더 작고 집중적인 여러 개의 게시물로 나누는 거예요. 이렇게 하면 독자들이 콘텐츠를 더 쉽게 이해하고, 오랜 시간 동안 관심을 가질 수 있어요. 디지털 마케팅에 대해 글을 쓴다면, SEOSearch Engine Optimization, 검색 엔진 최적화, 콘텐츠 마케팅, 소셜 미디어 전략, 이메일 마케팅에 대해 각각 별도의 게시물을 작성해 보세요. 이렇게 하면 각 주제를 깊이 있게 다룰 수 있고, 독자들은 자신이 관심 있는 주제를 골라 읽을 수 있어요. 또한, 개념마다 다른 플랫폼에서 지식을 활용할 수 있어요. SEO에 대해서는 A라는 책을 참고하고, 콘텐츠 마케팅에 대해서는 유튜브 영상을 활용하는 식으로 말이죠. 이렇게 하면 새로운 아이디어를 만들어낼 수 있답니다.

다음으로, 타깃 세분화 콘텐츠 제작이라는 원리를 설명할게요. 한 제품이나 서비스 소비자를 나눈 다음, 각 집단에 맞춰 콘텐츠를 만드는 방법입니다. 예를 들어, 운동 블로그를 운영한다고 가정해 볼게요. 이때 독자를 초보, 중수, 고수로 나눠서 각각의 수준에 맞는 콘텐츠를 만드는 거예요. 초보자를 위한 운동 팁, 중수를 위한 체력 강화 프로그램, 고수들을 위한 고급 기술 등을 따로따로 작성하는 거죠. 이렇게 하면 각각의 독자들이 자신의 수준에 맞는 정보를 얻을 수 있어요. 이 두 가지 원리를 잘 활용하면, 당신도 더 효과적이고 창의적인 콘텐츠를 만들 수 있을 거예요.

마지막으로, 병합이라는 원리를 소개할게요. 병합은 비슷한 지식이나 개념을 합쳐서 새로운 아이디어를 만들어 내는 방법입니다. 예를 들어, 디지털 마케팅과 관련된 여러 개념인 SEO, 콘텐츠 마케팅, 소셜 미디어, 이메일 마케팅을 하나로 묶어 전자책으로 만들어 볼 수 있어요. 이 전자책에서는 디지털 마케팅 방법을 자세히 제안할 수 있죠. 그리고 여기에 브랜딩이나 기획에 대한 내용도 더할 수 있습니다.

이제까지 알려준 세 가지 원리만 잘 활용해도, 지식이나 마케팅, 사업 콘텐츠를 만드는 데 큰 어려움이 없을 거예요. 당신이 콘텐츠를 만들어 내는 능력은 미래의 수익을 결정 짓는 중요한 요소입니다. 그래서 제가 알려준 방법을 꼭 익히길 바랍니다. 콘텐츠가 있어야 고객이 찾아오고, 판매 활동도 이루어집니다. 상품 기획도 콘텐츠의 한 부분이에요. 심지어 홈페이지 제작도 콘텐츠에 포함됩니다. 당신이 지금 어떤 일을 하고 있든, 콘텐츠를 만드는 능력은 꼭 키워야 합니다.

지식을 사업에 적용하는 3단계 알고리즘

사업과 취미의 차이를 아나요? 사업은 남이 좋아하는 걸 하는 거고, 취미는 내가 좋아하는 걸 하는 겁니다. 근데 수많은 사람이 취미와 사업 차이를 구별하지 못해 실패합니다. 저를 찾는 컨설팅 수강생분들도 어떤 사업을 하고 싶냐고 물어보면 대부분 취미를 말합니다. "가장 좋아하는 건 주식이에요. 돈 번 경험은 없지만 초보가 왕초보를 알려주면 된다니까 주식 컨설팅으로 사업을 시작하고 싶어요.", "저는 심리학을 좋아해서 인간 심리에 관한 상담 서비스를 제공할래요.", "평소 건강에 관심이 많아요. 건강하고, 오래 사는 법을 주제로 사업하고 싶어요." 이런 말들을 보면 모두 자신에게 주목한다는 사실을 알 수 있습니다.

당신이 실제로 성공하고 싶다면 고객이 좋아하는 게 어떤 건지 주목해야 합니다. 그게 지식을 돈으로 만드는 첫 번째 방법입니다. 아무리 좋은 정보라도 고객이 원하지 않으면 잘 안 팔립니다. 당신이 사업가가 모인 강연에서 말할 기회를 얻었다고 가정해 볼게요. 그곳에서 얼마나 직장 생활이 안정적이고, 훌륭한 기업을 찾을 수 있는지에 대해 이야기하면 아무도 주의 깊게 듣지 않을 겁니다. 오히려 화를 내겠죠.

이와 달리 온라인 마케팅 방법 비밀을 공개한다거나 고객을 빠르게 확보하는 법을 말하면 청중 모두 강의에 집중할 거예요. 이 사실을 꼭 기억해야 합니다. 당신이 유튜브를 하든 네이버 블로그를 하든 그건 중요하지 않아요. 해당 채널들은 정보를 전달하는 도구일 뿐입니다. 어떤 정보가 TV에서 나오나 라디오에서 나오나 같은 내용입니다. 다만, TV를 보는 시청자와 라디오를 듣는 사람 연령대나 성향이 다르기에 그 사람들이 원하는 광고가 나오죠. 내용은 같지만 소개 상품은 다른 겁니다. 그럼 우리 고객이 원하는 상품은 어떤 건지 알아볼게요.

돈 버는 지식은 기대 가치가 명확합니다. 아까 앞에서 이야기한 심리 상담을 예시로 살펴보겠습니다. 일반인이 심리 상담을 하면 자격증이 없기에 전문성이 떨어집니다. 거기서부터 일단 불리하죠. 또한, 심리 상담 서비스 자체가 기대 가치가 불명확합니다. 이때 명확하다는 기준은 숫자로 표현 가능 유무입니다. 심리 상담으로 인해 어떤 경제적 가치를 얻을 수 있는지 숫자로 표현할 수 없기에 해당 상품은 사업적인 가치가 낮습니다. 일반인 기준으로 말이죠. 전문가라면 병을 치유한다는 개념으로 접근하기에 명확한 기대 가치를 산출하기 어려워도 방문할 수 있습니다. 이와 달리 일반인인 우리가 제공하는 서비스는 전문 자격증을 보유하고 진행하는 게 아니기에 가치를 눈으로 확인할 수 있게 보여줘야 합니다.

위에 소개한 사례 중에서 아이템 측면에서는 주식 상품이 가장 좋습니다. 주식은 어느 정도 기대 수익을 얻을 수 있기에 고객을 설득하기 쉽죠. 그런 이유에서 100만 원 넘는 전자책도 인기가 많습니다. 다만 본인이 주식으로 수익화한 경험도 없는데 판매를 하려고 하니까 위에 판매자가 성공할 수 없는 겁니다. 지식도 중요하지만 성공 경험이 있어야 사람들을 설득할 수 있습니다. 그런 이유에서 내가 판매하려고 하는 분야 지식을 사업화할 때는 시장이 원하는 정보인지, 내가 해당 분야에 성공 경험을 보유하고 있는지 이 두 가지를 모두 고려해야 합니다. 처음 선택을 잘못하면 아무리 훌륭한 상품을 만들어도 판매율이 낮습니다.

두 번째 단계는 자료 선별입니다. 지금 알려준 방법으로 사업 콘텐츠를 명확히 정했다면 필요한 지식만 정리해야 합니다. 그러려면 사업 아이템 콘셉트가 명확해야 하죠. 위에 언급한 주식을 주제로 전자책을 쓴다고 가정해 볼게요. 일반적인 주식을 주제로 한다면 전달해야 할 지식이 너무 방대합니다. 300페이지가 넘어가도 하고 싶은 말을 다 못할 수 있죠. 이와 달리 해외 주식 ETF로 돈 버는 법을 콘셉트로 잡는다면 전달해야 할 지식을 한정할 수 있습니다. 고객층도 명확해지기에 판매율을 높일 수 있죠. 콘셉트를 정하려면 꼭 해야 할 두 가지가 있습니다.

우선, 소비자를 조사해야 합니다. 소비자가 궁금해 하는 내용이 어떤 건지, 필요로 하는 부분이 무엇인지 확인하면 자신만의 사업 콘셉트를 정할 수 있습니다. 그 부분은 네이버 지식인과 카페만 활용해도 쉽게 발견 가능합니다. 주식을 주제로 한다고 하면 네이버 지식인에 '주식'이라고 검색해 보세요. 그럼 지식인에 관련 질문이 많을 겁니다. 네이버 카페는 조사하기 더 쉽습니다. 인기 카페에는 질의응답 게시판이 따로 있기에 해당 게시판 제목만 살펴봐도 됩니다.

두 가지 방법 모두 활용해 소비자 질문을 조사하다 보면 어떤 분야에 관심이 큰지 확인할 수 있습니다. 국내와 해외 주식, 어떤 종목을 선호하는지 등 판단할 수 있죠. 판단 근거는 질문 개수입니다. 소비자 질문이 많을수록 그 분야에 관심이 많다는 거니까 해당 부분을 주제로 선택하는 게 좋습니다.

주제를 정했다면 경쟁사 조사를 해야 합니다. 내가 판매하고자 하는 분야와 연관 있는 사업가들이 어떤 방식으로 상품을 판매하고 있는지 살펴봐야 합니다. 그들이 어떤 주제로 판매 중이고, 어떤 반응을 얻고 있는지 살펴본 다음에 해당 내용을 정리하세요. 서비스명, 차별성, 후기 등을 엑셀이나 워드에 정리하면 한눈에 경쟁사 현황을 확인할 수 있습니다. 내용을 정리한 다음 고객이 원하지만 경쟁사가 제공하지 않는 부분을 찾아보세요. 고객은 해외 주식 플랫폼 선택 방법과 투자 방법을 궁금해하는데 해당 내용을 경쟁사에서 제공하지 않는다면 그 내용을 전자책에 추가하는 겁니다. 한 챕터로 만들 수도 있죠. 여기서 핵심은 '소비자는 원하지만 경쟁사는 제공하지 않는 정보'입니다. 그게 당신의 콘셉트가 될 거예요. 대다수 초보 사업가가 망하는 이유는 경쟁사와 비슷한 가격과 정보로 시장에 입점하기 때문입니다. 같은 실수를 방지하기 위해 두 가지 조사 모두를 한 다음 큰 틀을 만드세요. 전자책으로 따지면 차례입니다.

마지막으로 해야 할 일은 살을 붙여 나가는 겁니다. 여기까지 했다면 당신이 어떤 정보가 필요한지 정했을 거예요. 해외 ETF 거래 플랫폼을 주제로 글을 쓰거나 콘텐츠를 만들려면 관련 자료를 찾아야 하죠. 제가 추천하는 방법은 챗GPT를 활용하는 겁니다. 수많은 정보를 당신이 모두 찾기는 어려워요. 100권 넘는 책을 다 읽고, 정리할 수도 없죠. 그런 이유애서 챗GPT를 이용해야 합니다. 챗GPT는 유료와 무료 버전이 있어요. 유료 가격은 2024년 6월 기준으로 약 3만 원입니다. 매달 결제해야 해서 부담될 수 있다고 하지만 그 이상 가치를 얻을 수 있기에 꼭 유료 가입을 추천하고 있어요. 무료 버전과 유료 버전의 가장 큰 차이점은 '창조 능력'입니다. 무료 버전인 3.0은 형식적인 정보 전달을 주로 해요. 이와 달리 유료 버전은 인터넷상에 존재하는 다양한 정보를 모아 새로운 정보를 만들어 줍니다.

챗GPT 4.0을 200% 활용하려면 질문을 잘해야 해요. 단순히 '마케팅 방법을 알려줘' 이렇게 물어보면 전체 사업을 대상으로 한 일반적인 마케팅 방법을 말합니다. 이와 달리 '전자책을 쓰려고 하는데 주제는 어떤 거야. 누구를 대상으로 하려고 해. 이 책을 어디에서 판매할 건데 효과적인 마케팅 방법을 추천해줘.'처럼 구체적으로 질문하면 정확한 답변을 얻을 수 있어요. 제가 지금 이야기한 것처럼 구체적으로 질문하면 사전에 정해 놓은 차례나 틀에 적합한 내용을 쉽고, 빠르게 찾을 수 있습니다. 한 가지 더 알려줄 팁은 챗GPT에게 질문을 여러 번 하라는 겁니다. 한 번 질문했는데 마음에 들지 않는 답을 하면 좀 더 원하는 의도를 담아 질문을 추가로 하세요. '좀 더 매력적으로 답변해줘.', '어떤 부분을 구체화해서 다시 작성해줘.'와 같이 여러 차례 질문할수록 답변 수준이 높아집니다.

지금까지 자료 선정 방법부터 정리법까지 모두 이야기했습니다. 이런 흐름으로 정보를 정리한다면 당신도 자신만의 매력적인 사업 아이템을 만들어 낼 수 있을 겁니다. 중요한 건 우리는 취미 활동이 아니라 사업을 한다는 점이에요. 고객이 원하지만 시장이 제공하지 못하는 정보를 찾아서 정리하는 작업을 해야 합니다. 정보 정리를 효율적으로 하는 것도 중요하다고 이야기했습니다.

인터넷에 있는 빅데이터에서 내가 원하는 부분만 가져오려면 챗GPT 4.0을 활용해야 합니다. 건물 뼈대를 만든 다음 시멘트를 채워 나가는 것처럼 콘셉트를 정했다면 그 안에 내용을 더해야 합니다. 이 작업을 챗GPT가 대신해 줄 수 있기에 반드시 활용해 보길 바랍니다. 챗GPT 이용법을 좀 더 배우고 싶은 분들은 '남현우의 캐시메이커' 채널에 올린 영상을 활용해 주세요. 무료로 해당 내용 공개해 놨습니다. 성공하고 싶은 마음이 있다면 끝까지 제가 도와드릴 거니까 당신은 실행만 하세요. 방향성은 제가 알려줄게요.

레드 오션에서 상위 2%를 차지하는 고급 기술

크몽에 처음 진입했을 때는 답이 보이지 않았습니다. 경력 10년 이상 전문가부터 후기 1,000개 넘는 사람들까지 다양했죠. 지금은 제가 그들을 이기고 크몽에서 최상위 2퍼센트인 프라임Prime 전문가로 활동하고 있습니다. 특별한 능력도 없었던 일반인이 크몽에서 성공할 수 있었던 핵심 기술을 당신에게만 알려줄게요. 이건 직장인부터 개인 사업가까지 모두 활용한 방법이라 배워 두면 다방면으로 활용할 수 있습니다.

첫 아이템은 '취업 컨설팅'이었습니다. 글쓰기를 좋아했고, 취업 시장이 커서 해당 분야로 진입을 결심했습니다. 경쟁사 조사를 하다 보니 대기업 출신 전문가나 여러 자격증을 지닌 사람이 많았어요. 조사를 할수록 막막하다는 생각이 들었어요.

이때 제가 생각한 건 남들과 같아서는 절대 성공할 수 없다는 점입니다. 즉, 이미 잘 판매하고 있는 상품이 아니라 제 상품을 선택해야 하는 명확한 이유를 제시해야 했죠. 이때 중요한 건 고객이 실제로 원하는 가치인지 판단하는 거였어요. 아무리 새로운 서비스라도 시장에서 원하지 않는 걸 제시하면 인기가 없을 거라고 생각했습니다. 취업 컨설팅 서비스를 제공하는데 창업 관련 정보를 제공하는 건 새롭지만 가치가 없다고 판단했어요. 소비자는 원하지만 시장에 없는 서비스를 찾기 위해 리뷰 분석과 경쟁사 조사를 동시에 진행했습니다. 100개 넘는 서비스를 살펴보니 대다수가 본인을 '취업 컨설턴트'라고 정의하고 있었어요. 저는 그 부분에 주목해 취업 디렉터라고 자신을 정의했고, 취업 컨설턴트들과 어떤 부분에서 다른지를 설명했습니다. 그러자 5배 넘는 비용을 지불하고도 제 서비스를 구매하는 사람들이 등장하기 시작했어요. 덕분에 월 매출 1,000만 원을 달성할 수 있었습니다.

한 가지 예시를 더 살펴보겠습니다. 당신이 온라인 수업을 판매해 피트니스 트레이너로서 경력을 발전시키기로 결정했다고 해봅시다. 수업 콘텐츠를 만들기 위해 완벽한 운동 계획을 설계하고, 고품질 비디오를 촬영하고, 웹사이트를 설정하는 데 많은 시간을 쏟았습니다. 다방면으로 노력한 후, 영상 강의 제목을 '피트니스 트레이너 [당신의 이름]'이라고 정했습니다. 이제 고객이 몰려들 것으로 기대하면서 판매를 시작합니다. 하지만 한 달이 지나도 트래픽은 실망스러울 정도로 낮습니다. 왜 이렇게 되었는지 궁금하죠? 문제는 아주 명확합니다. '피트니스 트레이너 [이름]'이라는 이름이 전혀 눈에 띄지 않는다는 것입니다. 기억에 남는 것도 아니며, 유사한 서비스를 제공하는 수백 명의 다른 트레이너 중에서 왜 당신의 서비스를 선택해야 하는지 잠재 고객에게 알려주지도 않습니다. 이는 마치 《책》이라는 제목의 책을 판매하려는 것과 같습니다. 책 안에 들어 있는 고유한 가치에 대한 정보가 전혀 없기 때문이죠. 당신도 이해할 거예요. 제목과 이름은 고객의 관심을 끌어야 합니다. 고객이 왜 당신의 서비스를 선택해야 하는지 명확히 알려줘야 합니다.

고객 입장에서 생각해 보세요. 그들은 소셜 미디어를 스크롤하거나 온라인에서 피트니스 수업을 검색하고 있습니다. 그들은 비슷한 이름과 제품을 가진 수많은 트레이너를 봅니다. '피트니스 트레이너 [이름]'는 눈에 띄지 않습니다. 그들의 시선을 사로잡을 만한 것도 없고, 잠시 멈춰서 "이건 달라, 이게 나한테 필요한 거야."라고 생각하게 만드는 것도 없습니다. 이제 평범한 브랜딩에 콘셉트를 입혀 보겠습니다. "[PT 엑스퍼트], 삼겹살 먹으면서 한 달 만에 10kg 감량하세요"로 문구를 바꿨다고 생각해 보죠. 이 제목은 전문성과 독특한 점을 잘 표현합니다. 잠재 고객이 "이건 뭐지? 삼겹살 먹으면서 살을 뺀다고?"라며 궁금하게 만듭니다. 이렇게 하면 사람들의 관심을 끌 수 있습니다. 단순히 '피트니스 트레이너 [이름]'이라는 제목보다는, 더 구체적이고 특별한 기대 혜택을 명시해야 합니다. 그래야 고객이 멈춰 서서, 당신의 수업을 선택할 이유를 찾게 됩니다. 이런 식으로 제목을 바꾼다면 더 많은 고객을 끌어모을 수 있을 것입니다.

자신을 'PT 엑스퍼트'로 자리매김하면 평범한 피트니스 트레이너라는 틀에서 벗어날 수 있습니다. 이제 고객은 당신을 전문적인 지식과 기술을 갖춘 사람, 단순한 운동 그 이상을 제공할 수 있는 사람으로 봅니다. 이는 마치 평범한 펭귄들 사이에서 핑크펭귄처럼 눈에 띄는 것과 같습니다. 이런 차별화는 매우 중요합니다. 평범한 서비스를 눈에 띄게 해주기 때문이죠. 이런 작은 변화로 고객이 당신의 이름을 기억하고, 서비스를 선택하게 만들 수 있습니다. 자신을 다른 이름으로 부르면 단순히 이름만 바뀌는 것이 아닙니다. 가치도 달라집니다. 평범한 이름에 만족하지 마세요. 당신의 서비스를 독특하게 만드는 것이 무엇인지 생각하고, 이를 제목에 반영하세요. 경쟁이 심한 시장에서 성공하기 위한 첫 번째 단계입니다. 그러니 평범한 피트니스 트레이너가 아닌, 특별한 가치를 제공하는 'PT 엑스퍼트'가 되어 보세요. 이것이 바로 성공하는 방법의 핵심입니다.

그 다음으로 신경 써야 하는 건 호칭입니다. 사람들에게 어떻게 불리는지가 당신의 가치를 결정합니다. 존 웨튼John T. Whetten 박사와 메리 카메론Mary A. Cameron 박사가 국제 저명 학술지인 〈Journal of Applied Psychology〉에 발표한 〈직위가 인지된 역량 및 영향력에 미치는 영향〉 연구를 살펴보면 높은 직위를 가진 사람이 더 유능하다고 인식한다고 합니다. 고객과 동료의 신뢰를 받을 가능성도 더 높았습니다. 이러한 인식은 다른 사람을 설득하고 비즈니스 성공을 달성하는 능력에 직접적인 영향을 미칩니다. 〈하버드 비즈니스 리뷰Harvard Business Review〉에서 실시하고 라우라 모건 로버트Laura Morgan Roberts 박사와 데이비드 토마스David Thomas 박사가 주도한 또 다른 연구에서는 직위가 외부 인식뿐만 아니라 내부 자기 인식에도 영향을 미친다는 점을 강조했습니다. 개인이 더 권위 있는 직함을 채택하면 더 자신감을 갖고 자기 역할을 더 잘 수행할 수 있습니다. 내부 신뢰도가 높아지면 고객과의 상호 작용이 향상되고 전반적인 성과가 높아지는 경우가 많습니다.

직함으로 권위와 신뢰성을 높일 수 있습니다. 고객이 'CEO', '컨설턴트' 또는 '전문가' 같은 직함을 부를 때, 당신이 그 분야의 전문가라는 신호를 보냅니다. 그럼 고객이 당신의 판단과 전문 지식을 더 신뢰하게 되며, 이는 매출 증대로 이어질 수 있습니다. 소셜 미디어, 명함에도 모두 높은 직함을 활용해 보세요. 모든 플랫폼에 공신력 있는 직함으로 자신을 소개하면 권위가 강화됩니다. 고객은 당신을 그 직함으로 부르기 시작하고, 당신은 전문적인 이미지를 구축할 수 있습니다. 직함은 심리적으로도 좋은 점이 있습니다. 자신을 전문가나 CEO라고 부를 때, 그 역할에 맞는 행동을 하기 시작합니다. 더 많은 자신감을 가지고 일을 할 수 있게 됩니다. 고객은 이를 알아차리고, 자신이 유능한 사람과 함께 일하고 있다는 확신을 가지게 됩니다. 당신이 전달하고자 하는 전문 지식과 이미지를 가장 잘 반영하는 직함이 무엇인지 고려해 보세요. '전문가', '컨설턴트', 'CEO' 같은 직함을 사용하면 권위를 전달하고, 시장에서 당신을 차별화할 수 있습니다. 이 간단한 방법 하나로 스스로의 가치를 높일 수 있습니다.

누구나 작가가 될 수 있다!
책 출간 후
몸값 10배 높이기

"네이버에 내 이름이 나오게 하자."

저의 가장 큰 목표였습니다. 국내 1위 포털에 이름이 등록된다는 것 자체가 공신력을 얻는 거라고 생각했습니다. 성공한 사람은 모두 포털 사이트에 등록이 되어 있기 때문에 이를 목표로 했습니다. 방법을 고민하던 중, 우연히 작가가 되면 인물 등록을 신청할 수 있다는 사실을 알게 되었습니다. 마치 퍼즐 조각이 딱 맞아떨어지는 순간이었죠. 책을 쓰는 것이 제 인생의 또 다른 목표였기에, 이 방법이야말로 저에게 가장 현실적인 해결책처럼 보였습니다. 그래서 책 쓰기를 시작했습니다. 문제는 책 쓰는 게 생각보다 쉽지 않다는 점이었습니다. 인터넷 검색과 수많은 강의를 들어도 방법을 찾지 못했습니다. 한 달 넘게 방법을 찾으려 노력했지만,

명확한 길은 보이지 않았습니다.

메일을 작성하면서도 온 신경을 쏟았습니다. 내 글을 읽는 사람에게 나의 열정과 진심이 전해지길 바라며, 한 글자 한 글자에 심혈을 기울였습니다. 그러나 기대와는 달리, 돌아온 회신은 0건. 단 한 곳에서도 연락이 오지 않았습니다. 내 꿈이 이렇게 쉽게 무너질 수 없다는 생각에 밤새워 원인을 고민했습니다.

그때 깨달았습니다. 제가 전략 없이 무작정 도전했다는 사실을요. 방법을 찾기 위해 다양한 강사들의 강의를 듣기 시작했습니다. 그 과정에서 기획서의 중요성을 알게 되었습니다. 기획서가 책 출간의 첫걸음이라는 것을 깨닫고, 철저하게 준비하기로 했습니다. 기획서 양식을 정하고, 제 책이 왜 출간되어야 하는지, 어떤 이야기를 담고 싶은지를 구체적으로 설명했습니다. 그와 함께 책 원고 초안을 출판사에 전달했습니다.

1년간 노력한 끝에 서점에서 제 책을 만났습니다. 취업 분야 베스트셀러가 될 정도로 좋은 반응을 얻었습니다. 하지만 인생이 바뀌진 않았습니다. 책을 출간하면 가만히 있어도 강연이 들어올 줄 알았지만, 연락을 먼저 주는 곳이 없었습니다. 작업 주문량도 비슷했습니다. 100만 원이 조금 넘는 인세만 제 통장에 찍혀 있었습니다. 여기까지 읽고 이런 생각을 할 겁니다. '뭐야, 그럼 책을 출판할 필요 없는 거 아니야?' 네 맞습니다. 단기 수익을 위해 출간하는 거라면 하지 않는 걸 추천합니다. 그럼에도 책을 출간해야 하는 이유는 몸값이 달라지기 때문입니다. 실제로 제 서비스 가격

향상에 큰 영향을 미쳤습니다. 책 출간 후에 컨설팅 비용을 두 배 올렸지만, 주문량은 기존과 같았습니다. 강사료도 다섯 배 향상했습니다. 책만 출판했을 뿐인데 이름의 무게가 달라진 겁니다.

또 다른 성과는 네이버에 이름을 검색하면 제 얼굴이 나옵니다. 자, 이제 마음이 떨리기 시작하나요? 그럼 지금 당장 책 쓰기에 도전해보길 바랍니다.

이제 구체적으로 출간에서 가장 중요한 기획서와 이메일 작성 방법을 알려드리겠습니다. 기획서 양식은 구글에 검색하면 쉽게 찾을 수 있습니다. 아무 양식이나 상관없으니 일단 다운로드하세요. 기본 양식을 받았다면 부족한 내용을 추가해야 합니다. 기획서에 꼭 들어가야 하는 사항은 제목, 저자 소개, 주제, 기획 의도, 예상 독자, 콘셉트, 경쟁사 비교, 차례, 마케팅 방안입니다. 지금 이야기한 항목 중 하나라도 없으면 안 됩니다.

제목은 말 그대로 책 제목을 쓰면 됩니다. 출판사와 논의 후 바뀔 수도 있으니 가제를 적어주세요. 다만, 제목이 첫인상을 결정하는 만큼 매력적으로 적는 게 좋습니다. 책 제목이 매력적이려면 기대 가치가 명확해야 합니다. '인생을 바꾸는 마케팅 법칙'이 아니라 '연 매출 10억 원 달성 마케팅 비법' 이런 식으로 숫자로 표현하는 게 더 설득력이 강합니다. 저자 소개도 숫자에 기반해야 합니다. 경력, 성과를 모두 숫자로 작성해 주세요. 주제는 한 문장으로 적어야 합니다. 내 책에서 전달하고자 하는 내용을 한 문장으로 정리해 주세요. 기획 의도는 이 책을 왜 썼는지에 대한 설명입니다.

책이 성공할 수 있는 이유를 말씀해 주세요. 이 부분을 고민하지 않은 작가가 많은데 책 출간 이유는 수익입니다. 작가와 출판사 모두에게 경제적 이익을 가져다줄 수 있음을 설명할 수 있어야 합니다. 출판사는 자선 사업하는 곳이 아니라는 사실을 잊지 마세요.

예상 독자는 연봉 3,000만 원 정도 수준의 중산층 남성과 같이 구체적일수록 좋습니다. 콘셉트는 차별화 포인트입니다. 경쟁사 비교 자료와 함께 어떤 부분에서 차별성이 있는지 설명해 주세요. 차례는 4~5개로 구성한 후에 추가해주면 좋습니다. 마지막으로 마케팅 방안은 지금 보유하고 있는 채널을 기반으로 어떻게 홍보할 건지 숫자에 기반해 작성해 주세요. 구체적일수록 출판사로부터 좋은 반응을 얻을 수 있습니다. 이렇게 모든 내용을 작성하면 워드 기준 4~5페이지 정도 나옵니다. 그걸 이메일에 첨부해서 출판사에 전달하면 됩니다. 메일을 작성할 때는 기획서에 작성한 책 제목, 저자 소개, 콘셉트, 기획 의도, 마케팅 방안을 본문에 포함하세요. 출판사 담당자는 하루에도 수십 개 넘는 메일을 받기 때문에 첨부 파일을 모두 읽을 수 없습니다. 메일 본문에 책 관련 내용을 미리 보여준 다음 파일을 열 수 있게 하세요.

책 출간은 기획서 작성과 메일 작성 방법이 핵심입니다. 책 본문은 1/3 정도만 완성한 다음 출판사에 투고해도 괜찮습니다. 출판사 메일 목록은 크몽에서 구매해도 좋고, 구글에 검색해도 정리한 엑셀 파일이 나옵니다. 그럼 300개 넘는 이메일 주소를 얻을 수 있습니다. 각 담당자에 개별 메일 보내기 기능을 활용해 기획서를 전달하면 됩니다. 기획서만 좋다면 여러 출판사에서 연락이 옵니다. 이때 좋다는 기준은 시장성입니다. 출판사도 비즈니스를 위해 책을 출간하는 거니까 왜 이 책이 잘 팔리는지 설명하는 게 중요합니다. 이를 위해 경력부터 책 차별성, 시장 분석, 마케팅 방안 설명이 필요한 겁니다. 참고로 출판사에서 돈을 받고 출판해주겠다고 연락오는 곳이 있을 겁니다. 그런 곳은 절대로 계약해서는 안 됩니다. 작가에게 장사해서 이윤을 남기려는 출판사와 계약하면 형식적인 책은 나와도 수익성이 전혀 없습니다. 또한, 작가를 도구로 이용할 가능성이 높죠. 지금까지 설명한 방법에 기반해 출간에 도전해 보세요. 당신도 작가가 될 수 있습니다.

하루 1분 투자로 생산성 300% 높이는 비결

신체는 관리하지 않으면 악취가 나기 시작합니다. 한 달 동안 씻지 않는다고 생각해 보세요. 그런 이유에서 대부분 사람은 주기적으로 샤워합니다. 매일 아침 이도 닦죠. 마음도 마찬가지입니다. 보이진 않지만 가만히 방치하면 좋지 않은 방향으로 변화합니다. 마음도 오염되는 거죠. 외적으로 보여지는 것을 잘 관리하는 사람들도 마음 관리는 소홀히 합니다. 눈으로 확인할 수 없기에 청소가 필요하다는 사실을 모르는 거죠. 양치를 안 하면 주변 사람에게 악취를 풍기는 것처럼 마음 청소를 안 하면 옆에 있는 사람에게 피해를 줍니다. 부정적인 말과 행동으로 말이죠. 그런 이유에서 이번에는 마음 청소하는 법을 알려주려고 합니다.

마음 청소를 하는 가장 효과적인 방법은 '브레인 덤프brain dump'

입니다. 브레인 덤프는 짧은 시간 동안 머릿속에 떠오르는 모든 생각을 종이나 전자 기기에 적는 게 핵심입니다. 브레인 덤프는 쉽게 말해 정신을 청소하는 행위입니다. 우리의 뇌는 하루 종일 다양한 생각, 걱정, 아이디어로 가득 차 있습니다. 이런 생각들이 쌓이면 집중력이 저하되고 스트레스가 증가합니다. 브레인 덤프는 이 모든 생각들을 밖으로 꺼내어 정리함으로써, 뇌를 재정비하고 중요한 일에 집중할 수 있게 합니다. 이 기술 효과는 이미 과학적으로 여러 차례 입증됐습니다.

브레인 덤프는 세 가지 효과가 있습니다. 첫째, 스트레스 감소입니다. 2011년 하버드 의대 연구에 따르면, 글쓰기를 통해 감정과 생각을 표현하면 스트레스 호르몬인 코르티솔 수치가 낮아진다고 합니다. 둘째, 집중력 향상입니다. 프린스턴 대학 연구에서는 작업 기억을 정리하고 불필요한 생각을 제거하면 집중력이 향상된다는 사실을 밝혀냈습니다. 브레인 덤프는 이 과정을 도와줍니다. 셋째, 창의성 증가입니다. 스탠포드 대학 연구에 따르면, 자유롭게 글을 쓰는 과정에서 새로운 아이디어가 떠오르고 창의적인 사고가 증가합니다. 브레인 덤프는 이를 촉진합니다. 이제 구체적인 실행 방안을 알아보겠습니다.

준비물은 종이와 펜 또는 전자 기기와 타이머입니다. 장소는 조용하고, 편안한 곳일수록 좋습니다. 타이머를 1분으로 설정한 다음 숨을 깊게 심호흡하세요. 그 후 타이머를 시작한 다음 생각을 적기 시작합니다. 생각 흐름을 끊지 말고 자유롭게 적어주세요.

걱정, 할 일, 아이디어, 감정 등 모든 생각을 적습니다. 회의 준비나 점심 메뉴, 새로운 프로젝트 아이디어, 어제 본 영화나 책에 대한 내용 모두 좋습니다. 생각하지 말고 빠르게 적어나가는 게 중요합니다. 자기비판도 멈추세요. 이 노트는 당신만 볼 거니까 편안하게 떠오르는 모든 생각을 적습니다. 1분이 지나면 내용을 검토합니다. 중요한 생각과 비슷한 생각을 묶은 다음 어떤 생각을 하는지 확인해 보세요.

분류를 마친 다음에는 중요도에 따라 우선순위를 정합니다. 최종적으로는 중요도가 높은 일을 바탕으로 실행 계획을 세워 보세요. 하루나 일주일 단위로 설정하면 좋습니다. 예를 들어, 오전 10시 팀장 회의 준비나 오후 2시 프로젝트 아이디어 구체화와 같이 간단하게 핵심만 기록하면 됩니다. 계획을 세웠다면 하나씩 실행에 옮겨보세요. 아무 생각 없이 실행할 때보다 생산성이 높아졌을 겁니다.

실행을 마친 후에는 오늘 한 일과 못한 일을 분류한 다음 어떤 걸 실천하지 못했는지 확인해 보세요. 그 이유도 적습니다. 이런 방식으로 실행 결과를 기록하면 그 다음 날에는 좀 더 현실성 있는 계획을 수립할 수 있습니다. 브레인 덤프는 간단하지만 효과가 큽니다. 아침에 양치하는 것처럼 매일 1분만 투자해 해당 활동을 지속해 보세요. 그럼 조금씩 삶이 바뀌기 시작할 겁니다.

지식 확장력으로
한 달만에
인생 역전하기

지식을 습득하는 일과 습득한 지식을 활용하는 건 다릅니다. 만약 이 둘이 같았다면 교수나 석박사 학위 사람들이 모두 부자여야 합니다. 회사 다닐 때도 학벌이 모든 걸 말해주지 않는다는 걸 느꼈어요. 후배 직원을 보면 서울 내 상위 대학에 나온 사람부터 해외 대학 졸업한 사람까지 다양했습니다. 이 정도 스펙을 가진 사람이라면 어떤 일을 시켜도 잘할 거라고 생각했었죠. 큰 기대를 가지고 일을 시키면 생각보다 결과물이 좋지 않더군요. 물론, 스펙도 좋고, 일도 잘 하는 사람이 있지만 이 두 가지가 항상 비례하지 않는다는 걸 깨달았어요.

대부분의 사람이 타인을 평가할 때 학벌이나 스펙을 주로 봅니다. 객관적으로 평가할 요인을 찾기 어렵기 때문이지요. 그런 이유에서 성공한 사업가나 사람들을 보면 나와는 다른 엄청난 존재라고 생각하죠.

궁금했어요. 과연 성공한 사업가들이 얼마나 대단한 능력을 갖추고 있기에 성공한 건지 찾기 시작했죠. 50명 정도 조사해 보니 일반적인 기준에서는 기준 미달인 사람들이 많았어요. 대학교를 졸업하지 못한 사람도 있었고, 졸업했다고 해도 전공과 전혀 다른 분야로 사업을 하고 있었죠. 전문 자격증을 보유한 사람은 더 없었습니다. 이런 사실을 발견하자 자신감이 생겼어요. 이 정도 능력만 있어도 성공할 수 있는데 안 하는 게 이상하다고 판단한 거죠. 그렇게 온라인 창업에 도전했습니다.

물론, 처음부터 성공할 순 없었어요. 새벽까지 공부해서 운영한 유튜브 채널 수익이 100만 원도 되지 않았고, 블로그 역시 노력에 비해 수익이 낮았어요. 무작정 열심히만 해서는 안 된다는 생각에 성공률을 높이기 위한 방법을 찾기 시작했습니다.

아마도 뉴스나 책을 자주 보는 사람이라면 '지식확장력'이라는 말을 들어봤을 거예요. 이 개념은 단순히 많은 정보를 습득하는 것을 넘어서 그 지식을 실제 생활에 적용하는 능력을 말합니다. 이 능력은 우리 삶을 변화시키는 강력한 도구가 될 수 있습니다. 성공한 사람들은 모두 지식확장력이 뛰어난 사람들이었습니다. 인기 있는 유튜버들도 다른 사람의 지식이나 책에서 얻은 정보를 자신만의 시각으로 설명하곤 합니다. 같은 주제라도 자기만의 색깔을 입혀서 전달하는 거죠. 마치 아이스크림에 여러 가지 맛이 있는 것처럼요. 이러한 능력을 키우기 위해 저는 1년 동안 여러 연구 사례를 살펴보고 직접 실험했습니다. 그 결과, 3개월 만에 월 1,000만 원의 수익을 달성할 수 있었습니다. 당신도 지금부터 제가 알려줄 방법을 적용해 원하는 목표를 성취하길 바랍니다.

지식확장력을 키우기 위한 핵심은 '실험'입니다. 배운 내용을 일상생활에 적용해본 다음 그 결과를 상세히 기록하는 것입니다. 첫 번째 단계는 습득한 지식 중 한 가지를 선택해 현실에 적용해보는 겁니다. 소셜 미디어 마케팅에 대해 읽었다고 가정해 볼게요. '인스타그램 스토리를 통해 참여도를 높이는 방법'과 같은 구체적인 실행 방안을 한 가지 선택하세요. 그다음 목표를 정해야 합니다. 목표는 인스타그램 스토리를 활용해 팔로워 수와 반응률을 높이는 것처럼 명확하게 설정하세요. 결과는 평가 가능하게 숫자에 기반해야 합니다. 조회수, 팔로워 증가, 좋아요 증가 같은 데이터로 평가할 수 있어야 효과를 측정할 수 있습니다. 목표와 결과 측정 방법을 정했다면 구체적인 실행 방법을 계획해야 합니다.

기간은 1주일 내로 설정하는 게 좋습니다. 인스타그램을 예시로 실행 계획안을 작성해 보겠습니다. 먼저, 콘텐츠를 제작해야 합니다. 같은 주제의 콘텐츠라도 영상, 이미지 등 다양한 방식으로 만들어 효과를 좀 더 상세히 측정할 수 있게 합니다. 콘텐츠를 게시한 후 매일 성과를 기록하세요. 중요한 것은 같은 시간에 데이터를 기록하는 것입니다. 예를 들어, 오늘은 오전 9시에 데이터를 기록하고 다음 날에는 밤 9시에 기록한다면 데이터를 비교하기 어렵습니다. 측정 시간이 달라지면 평가 신뢰도가 떨어지기 때문입니다. 또한, 소비자 반응도 기록해 두세요. 댓글이나 메시지로 어떤 문의나 요청이 있었는지 기록하고, 그다음 주에는 해당 사항을 반영한 콘텐츠를 게시해 보세요. 이렇게 하면 효과를 더 명확하게 측정할 수 있습니다.

실험이 모두 끝나면 결과를 평가해야 합니다. 인스타그램 스토리를 올린 후 구독자, 조회수, 반응률 증가량을 기존 데이터와 비교해보면 해당 방안이 효과가 있었는지 알 수 있습니다. 효과가 있었던 요인과 없었던 요인을 분류해 효과적인 방법만 남기세요. 효과가 없었던 요인은 그냥 버리지 말고 개선할 방안을 찾아보세요. 예를 들어, 이미지 기반 스토리의 반응률이 낮았다면 디자인이나 소재를 바꿔보는 겁니다. 변경 후 결과가 달라지면 영상과 이미지를 모두 활용해 성과를 극대화할 수 있습니다. 추가로 인스타그램뿐만 아니라 유튜브와 같은 다른 채널에서도 동일한 전략을 사용할 수 있는지 실험해 보세요.

이 전략이 좋은 이유는 지식을 현실에서 적용할 수 있다는 점입니다. 책에서는 저자가 진행한 실험 내용을 볼 수 있지만, 우리의 상황과는 다를 수 있습니다. 현재 하고 있는 사업 분야나 형태, 상황에 따라 효과가 달라지기 때문에 직접 실험해 보는 것이 중요합니다. 실험을 하다 보면 책에서 배운 지식을 명확히 이해할 수 있고, 실제로 현실을 변화시킬 수 있습니다. 하나씩 현실을 바꾸다 보면 어느새 자신도 모르게 크게 성장해 있을 겁니다. 매일 팔 굽혀 펴기 20개를 꾸준히 하면 몸의 근육이 변화하는 것처럼요. 하나를 실험에 적용한다고 해서 당장 효과가 눈에 띄지는 않을 겁니다. 하지만 그런 실험을 100회 정도 하면 그 결과들이 모여 큰 힘을 발휘할 것입니다. 너무 급하게 생각하지 말고, 하나씩 실천해 보세요. 1년만 이렇게 반복하면 어떤 일이든 해낼 수 있을 겁니다.

지금 당장 내 인생에서 가장 행복해지는 방법

드디어 마지막 주제입니다. 여기까지 이 책을 읽었다면 당신은 이미 다른 관점에서 세상을 바라보기 시작했을 겁니다. 실용적인 내용은 앞부분에서 모두 소개했으니, 이제 정말 중요한 이야기를 해보려고 합니다. 다른 장은 몰라도 이 내용만큼은 꼭 배웠으면 합니다.

당신은 이 책을 선택한 이유가 무엇인가요? 월 1,000만 원 이상 벌고 부자가 되고 싶은 분도 있을 거고, 마음의 평화를 얻고 싶은 분도 있을 거예요. 두 가지 모두 달라 보이지만 동일한 가치를 원합니다. 바로 행복이죠. 건조하고, 막막한 현대 사회에서 좀 더 행복하게 살고 싶은 마음에 이 책을 선택했을 거라 생각합니다. 저 역시 그런 이유에서 마음 관리 방법에 관해 배우기 시작했죠.

한국인은 행복하기 힘듭니다. 성인까지는 좋은 대학에 가기 위해 경쟁하고, 대학 생활을 하면 대기업에 취직하기 위해 노력합니다. 대기업 입사 후에는 승진하기 위해 경쟁하죠. 내가 생각했던 희망을 손에 얻었는데도 새로운 고통과 위기가 찾아오니 행복이 신기루처럼 느껴졌을 겁니다. 손에 원했던 걸 잡았는데 사실 그게 진정으로 내가 원한 게 아니라는 걸 깨닫죠. 그렇게 허공에서 손을 젓다가 거울을 보면 나이 많은 내가 보입니다. 마음은 아직도 어리고, 여린데 몸만 늙어가는 거죠. 시간이 지날수록 책임감은 커질 거고, 행복을 추구하는 건 이기적이라고 생각합니다. 가족을 위해 희생하는 삶이 올바른 거라고 믿죠. 지금 얻은 행복은 나쁜 거니까 고통을 견뎌 내고, 미래에 얻을 행복을 추구하죠.

그런데 우리가 행복을 미룬다고 해서 책임감 있는 건 아닙니다. 우리 인생은 사계절 같아요. 봄과 여름, 가을과 겨울이 있죠. 봄은 20대까지 삶을 말합니다. 가장 따뜻하고, 세상이 주는 향기를 느낄 시기죠. 여름은 30대와 40대를 말해요. 가장 뜨겁게 사는 시기죠. 내가 추구하는 목표를 찾고, 그걸 얻기 위해 달립니다. 가을은 50대와 60대에요. 뜨거웠던 열기를 바탕으로 성숙해지는 시기죠. 그전에는 보이지 않던 주변 사람들 얼굴도 보이기 시작합니다. 겨울은 70대 이후 삶을 말합니다. 주변 사람 중에서 살아 있는 사람은 소수죠. 옆에서 함께 했던 존재가 하나씩 사라지는 시기입니다. 외로우니까 춥죠. 하지만 인생을 살아오면서 키운 내면의 따뜻함으로 스스로를 지켜나갈 수 있습니다. 마치 난로처럼 말이죠.

그리고 지나간 기억과 추억이 눈처럼 아름답게 빛나는 시기이기도 합니다. 그 모든 게 지면 우리 자녀들이 각자 사계절을 만들며 세상을 살아갑니다.

모든 시기가 모두 소중합니다. 봄보다 여름이 소중하다고 말할 수 없어요. 가을과 겨울도 마찬가지죠. 시기별로 각자 가치가 있고, 그 가치들이 모여 겨울에 나를 빛나게 해줍니다. 그 추위에서 견디게 해주죠. 근데 현대인들을 보면 겨울을 위해 봄과 여름, 가을까지 모두 희생하려 해요. 그러고 나면 내면에는 외로움만 남게 되죠. 노년에는 지난날의 추억이 나를 버틸 수 있게 해주는 데 그걸 없애려고 하는 겁니다. 그냥 열심히 살다 보면 나중에 행복할 거라는 막연한 기대감으로 하루하루를 살아가죠. 돈으로 행복을 살 수 있을 거라는 기대감은 버리세요. 시간을 희생하고 얻은 돈으로 노년에 시간을 보내면 행복할까요? 절대 아닐 겁니다. 물론, 편할 순 있죠. 근데 주변에 가족이나 친구도 없이 돈만 있다면 그것만큼 불행한 삶은 없습니다.

명품백, 브랜드 아파트, 외제차에서 오는 행복은 한 달만 지속됩니다. 지금 당신 주위에 있는 물건을 보세요. 처음에는 나를 설레게 했을 겁니다. 혹시라도 고장 날까 봐 조심히 다뤘겠죠. 근데 지금은 처음에 느꼈던 마음은 사라지고 막 다루기 시작했을 거예요. 제품에 상처가 남과 동시에 새로운 상품을 원하죠. 저는 이 사실을 아이를 보면서 느꼈습니다. 처음 아이에게 장난감을 사주면 세상을 다 가진 것처럼 행복해합니다. 하루 종일 그 장난감만 보면서 가지고 놀죠. 그러다 그다음 날이 되면 조금씩 새로운 장난감을 멀리합니다. 3일이 지나면 또 다른 장난감을 갖고 싶다고 하죠. 아이의 행동을 보면서 세상에 있는 모든 물건은 참된 행복을 줄 수 없다는 사실을 배웠습니다. 인스타그램에 올리는 사진 한 장을 위해 당신의 소중한 시간을 포기하지 마세요.

그런 이유에서 저는 당신이 사업에 도전하면 좋겠습니다. 경험과 시간, 돈을 모두 얻을 수 있기 때문이죠. 인간은 선천적으로 창조하고 싶은 욕구를 가지고 태어납니다. 어린 시절 우리 모두 어떤 만들기 활동에 집중하고, 모래성을 쌓았던 일을 기억해 보세요. 그림 그리기나 다른 놀이를 모두 살펴보면 새로운 결과물을 창조하는 활동입니다. 근데 시간이 지날수록 주변 사람들에게 평가를 받기 시작합니다. 그러다 보면 자신감과 흥미 모두를 잃죠. 어떤 걸 만들면 다른 사람이 부정적으로 생각할까 봐 두려움을 느낍니다. 그렇게 세상에 존재하는 모든 어린 창조자들이 시간제 근로자가 되기 위한 교육을 받습니다. 출제자 의도를 잘 파악하고, 암기 잘하는 사람이 명문대에 진학합니다. 명문대 입학 후에도 오전 9시부터 오후 6시까지 일할 수 있는 능력을 키우죠. 힘들어도 버티는 게 당연한 거라면서 살아갑니다.

이제는 그런 삶에서 벗어나야 합니다. 지금 학벌이나 스펙이 좋지 않다고 해서 당신의 가치가 낮은 게 아닙니다. 단지 시간제 근로자가 되기 위한 능력이 부족한 거죠. 사업을 하는 건 완전히 다른 영역입니다. 그렇다고 현실적인 부분 모두 포기하라는 의미는 아닙니다. 사업 초반에는 내가 일할 수 있는 곳을 찾아서 남 밑에서 일해야죠. 직장 생활을 하며 얻은 돈을 술이나 명품을 사는 데 소비하지 말고 스스로에게 투자하세요. 사업가로 성공하기 위한 정보나 방법은 이미 시장에 많이 공개된 상태입니다. 저 역시 일반인에게 컨설팅을 제공해서 지금은 월 1,000만 원 이상 버는 사업가로 변모했죠. 60대 농부를 전자책 작가로 만들고, 평범했던 가정주부를 사업가로 성공할 수 있게 도왔어요. 중요한 건 마음입니다. 내가 할 수 있을 거라는 믿음과 하고 싶은 열망만 있다면 누구나 성공할 수 있는 세상이에요.

과거에는 월세와 같이 투자금이 많이 필요했지만 현대 사회에서는 인터넷에서 돈 없이 창업할 수 있습니다. 투자금이 거의 없으니까 위험성도 낮죠. 어차피 망해도 내가 손해 보는 비용이 거의 없기 때문에 도전을 안 하는 게 오히려 손해입니다. 올바른 방법으로 준비하면 오히려 실패하기가 더 어렵기도 하고요. 여기서 올바른 방법이란 시간제 근로자가 되기 위한 방법으로 사업을 준비하지 않는 겁니다.

최근에 온라인 창업이 인기를 끌면서 많은 사람이 창업에 도전하기 시작했어요. 근데 자세히 살펴보면 모두 공부하고 있습니다. 브랜딩, 마케팅, 영업을 열심히 공부한다고 해서 사업 매출을 높일 수 없어요. 중요한 건 배운 걸 실행에 옮기고, 내 사업체를 빠르게 구축하는 거죠. 그런 이유에서 제 컨설팅을 받는 사람들에게 사업체를 세 달 안에 만들어드려요. 그 후에 직접 판매 활동을 할 수 있게 도와주죠. 제 컨설팅 성공률이 높은 이유입니다. 해당 사례처럼 당신도 고민과 공부보다는 실행에 집중해보세요. 지방대 다녔던 저도 1년 만에 월 1,000만 원 수익을 달성한 것처럼 당신도 성공할 수 있습니다. 남이 내 가치를 정하게 두지 말고, 당신 스스로 가치를 만들어 가세요.

그럼 더 높은 곳에서 만나요. 고맙습니다.

- 더 많은 정보를 얻고 싶은 분들은 아래 QR 코드를 활용해 단톡방에 입장해 주세요.
- 개별적으로 궁금한 사항이 있으면 pswriting@naver.com으로 연락해 주세요. 당신의 성공을 돕기 위해 모든 질문에 답해드립니다.

THE SIGNAL OF MONEY

에필로그

당신 안의 빛, 그 시그널을 향해

삶은 끊임없이 변화하는 강물과 같습니다. 그 물결 속에서 우리는 때로는 힘겹게 헤엄치며 앞으로 나아가고, 때로는 휘몰아치는 소용돌이에 흔들립니다. 이 책은 그 물결 속에서 길을 잃지 않도록 돕는 작은 나침반이 되길 바랐습니다.

당신이 이 책을 펼쳤던 순간을 떠올려 보십시오. 무엇을 갈망하며 이 책을 손에 잡았는지. 삶의 무게에 지쳐 새로운 길을 찾고자 했던 분도 있을 것이고, 이미 걸음을 내디딘 채 더 확실한 방향을 원했던 분도 있을 겁니다. 그 모두의 이야기는 다르지만, 우리가 손을 맞잡고 함께 걸어온 이 여정은 단 하나의 목적지를 향했습니다. 바로 당신만의 '돈의 시그널'을 찾는 일입니다.

세상은 때로는 냉혹하고, 때로는 따스합니다. 그 안에서 부딪히고, 깨지며 성장한 사람으로서 제가 전하고 싶었던 건 단순한 성공 방법이 아닙니다. 당신 안에 이미 존재하는 무한한 가능성을 깨우고자 했습니다. 누구도 대신할 수 없는 당신만의 고유한 빛, 그 시그널을 따라가십시오. 망설임 없이, 두려움 없이.

삶의 가장 큰 아름다움은 예측할 수 없다는 데 있습니다. 다가올 미래는 여전히 희미하지만, 이 책을 읽고 스스로를 믿는 용기를 얻었다면, 그 희미한 빛은 더 이상 두렵지 않을 것입니다. 이제는 당신 차례입니다. 당신의 이야기를 써 내려가십시오. 작은 한 걸음이라도 좋습니다. 그 한 걸음이 모여, 당신만의 빛나는 세상을 만들 것입니다.

이 여정을 함께해 주셔서 감사합니다. 그리고 앞으로 펼쳐질 당신의 새로운 이야기를 진심으로 응원합니다.

당신의 내일에,

남현우 드림

돈의 시그널

초판 1쇄 발행 2025년 2월 12일

지은이 남현우
발행처 이너북
발행인 이선이

편 집 심미정
디자인 이유진
마케팅 김 집, 송희준

등 록 2004년 4월 26일 제2004-000100호
주 소 서울특별시 마포구 백범로 13 신촌르메이에르타운Ⅱ 305-2호(노고산동)
전 화 02-323-9477 | **팩스** 02-323-2074
E-mail innerbook@naver.com
블로그 blog.naver.com/innerbook
포스트 post.naver.com/innerbook
인스타그램 @innerbook_

ISBN 979-11-88414-95-6 03320

이너북은 독자 여러분의 소중한 원고 투고를 기다리고 있습니다.
원고가 있으신 분은 innerbook@naver.com으로 보내주세요.